Kanji for high-intermediate level

漢字マスターN2

日本語能力試験N2レベル

アークアカデミー編著

三修社

本書をお使いのかたへ

1．はじめに

本書は、中級以降の漢字をテーマ別に楽しく学ぶことを目指しています。「漢字マスターシリーズ」で学ぶと、本書修了時には1200字の漢字が習得できます。漢字を学ぶことは語学学習の基本となる語彙を増やすことにつながります。漢字そのものの学習はもちろん、使える語彙も合わせて習得することで、日本語のはばを広げてもらえるように工夫しました。また、非漢字圏のかたにも学びやすいように、漢字には全てルビをふりましたので、プレッシャーを感じることなく日本語能力試験Ｎ２レベルに到達できます。

2．本書の構成

本書には、2010年６月７日答申の「改定常用漢字表」一覧に掲載された2136字のうち、504字の漢字を掲載しました。504字のうち、基本編として280字、挑戦編として224字をとりあげました。基本編は日本語能力試験Ｎ２の核となる漢字を選択しましたので、必ず習得しましょう。挑戦編はＮ１レベルに相当する漢字も少し含んでいますが、同じ分野の中であれば覚えやすいと考え提出しました。挑戦編は、Ｎ１レベルの学習前の確認に最適といえるでしょう。

各章はテーマ別に分けてあります。各テーマは更に分野別になっています。学ぶ順番は、基本の漢字１章から順に取り組んでもいいですが、興味のあるテーマの章から取り組む方法もあります。１ページは基本６文字でまとめてありますので、１日１～２ページのように計画をたてて効果的に学習しましょう。

最後のページには、特別な読み方をする漢字として、「改定常用漢字表」付表の熟字訓７語を加えて、Ｎ２レベルと判断した63語を掲載しました。読めるようになりましょう。

3．学習方法

（1）学習漢字

各ページの６文字には、それぞれ、親字のほか「改定常用漢字表」一覧にある訓読み・音読みを載せました。親字の下には画数も示してあります。学習の際にはまず意味と筆順を理解します。意味は主に訓読みに含まれていますので、訓読み・音読みの順序で学習を進めるといいでしょう。

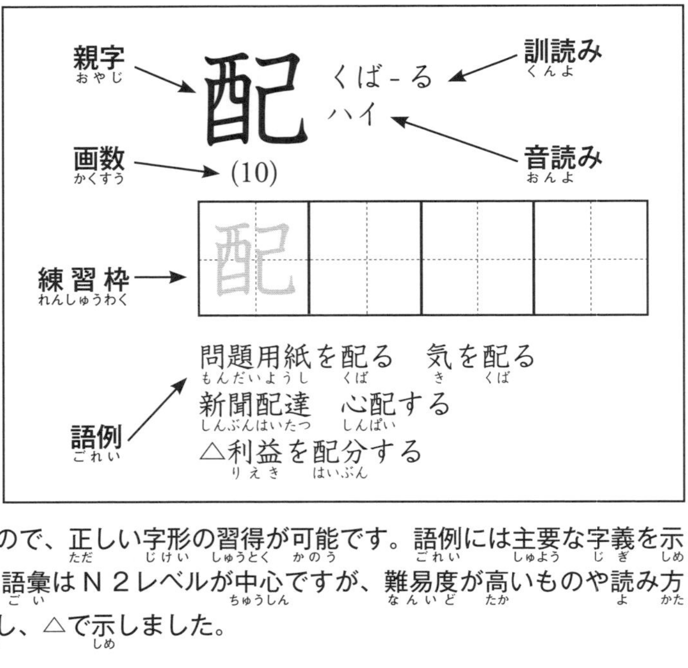

練習枠は視写を含む４枠を設けましたので、正しい字形の習得が可能です。語例には主要な字義を示す語彙が配列してあります。取り上げた語彙はＮ２レベルが中心ですが、難易度が高いものや読み方が特別なものは、汎用性に関わらず紹介し、△で示しました。

（2）学習の流れ

漢字学習 ☑ → 復 習 ☑ → アチーブメントテスト ☑ → クイズ ☑ → まとめテスト ☑

学習した漢字の定着度を確認するために、章ごとに復習のページを設けました。漢字を読む問題と書く問題に分けてありますので、確認や苦手な漢字の発見に活用してください。

また、２章ごとにアチーブメントテストがあります。学習に変化をつけるためにクイズも用意しましたので、宿題やテスト等にお使いください。例文はＮ２レベルにふさわしく、使用頻度の高いものを出題しました。加えて、基本編・挑戦編のまとめテストは自身のレベルチェックに使いましょう。目次には、理解度の把握のためにチェック欄☑、および学習日欄（　／　）をつけました。独学の場合も授業で取り扱う場合も、学習計画や定着度確認等に役立ててください。

皆様の漢字学習が成功することを、執筆者一同心から願っています。

2010年9月
アークアカデミー

「漢字マスターシリーズ」

① **「かなマスター」**
(Mastering KANA in 12 days with pronunciation and vocabulary)

② **「漢字マスターＮ５」**
(Introduction to Kanji)

③ **「漢字マスターＮ４」**
(Kanji for beginners)

④ **「漢字マスターＮ３」**
(Kanji for intermediate level)

⑤ **「漢字マスターＮ２」**
(Kanji for high-intermediate level)

⑥ **「漢字マスターＮ１」**
(Kanji for advanced level)

漢字マスターN2 目次

＜挑戦編＞

1章
～
10章

基本編

きほんへん

1章
生活ー1
せいかつ

贈り物1
おく　もの

配
くば-る
ハイ

(10)

配			

問題用紙を配る　気を配る
もんだいようし　くば　き　くば
新聞配達　心配する
しんぶんはいたつ　しんぱい
△利益を配分する
りえき　はいぶん

届
とど-く　とど-ける

(8)

届			

手紙が届く　お土産を届ける
てがみ　とど　みやげ　とど
幼稚園に子どもを送り届ける
ようちえん　こ　おく　とど
△欠席届
けっせきとどけ

渡
わた-る　わた-す
ト

(12)

渡			

道路を渡る　相手に物を渡す
どうろ　わた　あいて　もの　わた
渡り鳥　渡し船　渡航の手続き
わた　どり　わた　ぶね　とこう　てつづ

券
ケン

(8)

券			

乗車券　入場券で駅の構内に入る
じょうしゃけん　にゅうじょうけん　えき　こうない　はい
定期券を買う　旅券を忘れた
ていきけん　か　りょけん　わす
株券　証券会社
かぶけん　しょうけんがいしゃ

招
まね-く
ショウ

(8)

招			

誕生パーティーに招く　手招きをする
たんじょう　まね　てまね
結婚式に招待する　招待状をもらう
けっこんしき　しょうたい　しょうたいじょう
議会を招集する
ぎかい　しょうしゅう

贈
おく-る
ゾウ　ソウ

(18)

贈			

プレゼントを贈る　贈り物
おく　おく　もの
△贈答品売り場　△寄贈する
ぞうとうひんう　ば　きぞう(きそう)

料理(りょうり)

含
ふく-む　ふく-める
ガン
(7)

口(くち)に水(みず)を含(ふく)む
兄弟(きょうだい)は私(わたし)を含(ふく)めて４人(にん)だ
牛乳(ぎゅうにゅう)にはカルシウムが含(ふく)まれている
△含有量(がんゆうりょう)

混
ま-じる　ま-ざる
ま-ぜる　こ-む
コン
(11)

米(こめ)の中(なか)に麦(むぎ)が混(ま)じっている
よく混(ま)ざるようにかきまわす
小麦粉(こむぎこ)と卵(たまご)を混(ま)ぜる　混(こ)んでいる電車(でんしゃ)
混雑(こんざつ)　混乱(こんらん)

溶
と-ける　と-かす　と-く
ヨウ
(13)

氷(こおり)が溶(と)ける　バターを溶(と)かす
絵(え)の具(ぐ)を溶(と)く
新(あたら)しいクラスに溶(と)け込(こ)む　溶岩(ようがん)

汁
しる
ジュウ
(5)

服(ふく)にラーメンの汁(しる)がついた
みそ汁(しる)　果汁(かじゅう) 100%

丼
どんぶり
どん
(5)

丼(どんぶり)でごはんを食(た)べる
天丼(てんどん)　カツ丼(どん)　うな丼(どん)

盛
も-る　さか-る　さか-ん
セイ　ジョウ
(11)

皿(さら)におかずを盛(も)る　大盛(おおも)り
育(そだ)ち盛(ざか)り　盛(さか)んな声援(せいえん)
盛大(せいだい)な結婚式(けっこんしき)

引っ越し
ひ　こ

契
ちぎ-る
ケイ
(9)

契約をする　契約書にサインをする
けいやく　　けいやくしょ
進学を契機にテニス部に入った
しんがく　けいき　　　ぶ　はい
△義兄弟の契り
ぎきょうだい　ちぎ

賃
チン
(13)

家賃を払う　バスの運賃が高い
やちん　はら　　　うんちん　たか
賃金を支払う　賃貸マンション
ちんぎん　しはら　　ちんたい

証
ショウ
(12)

無実を証明する　裁判所で証言する
むじつ　しょうめい　さいばんしょ　しょうげん
保証人　身分証明書　免許証
ほしょうにん　みぶんしょうめいしょ　めんきょしょう

越
こ-す　こ-える
エツ
(12)

峠を越す　国境を越える
とうげ　こ　こっきょう　こ
12月31日に年越しそばを食べる
がつ　にち　としこ　　た
前の車を追い越す　優越感を持つ
まえ　くるま　お　こ　ゆうえつかん　も

仮
かり
カ　ケ
(6)

仮の住まい　仮免許　仮名
かり　す　かりめんきょ　かな
仮定する　仮説をたてる
かてい　かせつ
△仮病
けびょう

域
イキ
(11)

地域住民　立ち入り禁止区域
ちいきじゅうみん　た　い　きんしくいき
自国の領域　川の流域
じこく　りょういき　かわ　りゅういき

雑誌（ざっし）

雑　ザツ　ゾウ
(14)

雑

雑音（ざつおん）がする　雑談（ざつだん）　複雑（ふくざつ）な計算（けいさん）
雑巾（ぞうきん）
△雑煮（ぞうに）

誌　シ
(14)

誌

雑誌（ざっし）を読（よ）む　ファッション誌（し）
日誌（にっし）をつける　文芸誌（ぶんげいし）を発行（はっこう）する

刊　カン
(5)

刊

本（ほん）が刊行（かんこう）される　朝刊（ちょうかん）　夕刊（ゆうかん）
日刊紙（にっかんし）　週刊誌（しゅうかんし）　創刊号（そうかんごう）

並　なら-ぶ　なら-べる　なみ　なら-びに　ヘイ
(8)

並

教室（きょうしつ）に机（つくえ）といすを並（なら）べる
並（なら）んでバスを待（ま）つ　牛丼（ぎゅうどん）の並（なみ）を食（た）べる
人並（ひとな）みに生活（せいかつ）する　直列（ちょくれつ）と並列（へいれつ）

巻　ま-く　まき　カン
(9)

巻

包帯（ほうたい）を巻（ま）く　のり巻（ま）き　右巻（みぎま）き
上巻（じょうかん）・下巻（げかん）　全巻（ぜんかん）
△虎（とら）の巻（まき）

著　あらわ-す　いちじる-しい　チョ
(11)

著

本（ほん）を著（あらわ）す　著（いちじる）しい進歩（しんぽ）　著名人（ちょめいじん）
著書（ちょしょ）　著者（ちょしゃ）　古典文学（こてんぶんがく）の名著（めいちょ）

掃除
そうじ

居
いーる
キョ
(8)

居間でテレビを見る　居留守を使う
いま　み　いるす　つか
芝居　居酒屋　住居　親と同居する
しばい　いざかや　じゅうきょ　おや　どうきょ
△皇居
こうきょ

庭
にわ
テイ
(10)

庭に花を植える　校庭
にわ　はな　う　こうてい
日本庭園　明るい家庭を築く
にほんていえん　あか　かてい　きず

清
きよーい　きよーまる
きよーめる
セイ　ショウ
(11)

清い心　心が清まる
きよ　こころ　こころ　きよ
滝で心身を清める　論文の清書をする
たき　しんしん　きよ　ろんぶん　せいしょ

掃
はーく
ソウ
(11)

落ち葉を掃く　部屋を掃除する
お　ば　は　へや　そうじ
教室の清掃をする
きょうしつ　せいそう
△暴力団を一掃する
ぼうりょくだん　いっそう

整
ととのーえる　ととのーう
セイ
(16)

本棚をきれいに整える　準備が整う
ほんだな　ととの　じゅんび　ととの
引き出しの中を整理する
ひ　だ　なか　せいり
△整理整頓
せいりせいとん

汚
よごーす　よごーれる　きたなーい
けがーす　けがーれる　けがーらわしい
オ
(6)

部屋を汚す　汚れた服を洗う
へや　よご　よご　ふく　あら
汚い手　汚職　汚水　汚染された川
きたな　て　おしょく　おすい　おせん　かわ
△名前を汚す
なまえ　けが

生活－1　復習

【1】漢字の読み方を書いてください。

1. 土曜日の配達時間は午後１時から３時だ。
2. 学校帰りに定期券を買う予定だ。
3. 盛大なパーティーに参加した。
4. 毎週月曜日に週刊誌を買って読む。
5. 昨日、クラスメートと居酒屋でお酒を飲んだ。
6. 結婚のお祝いにペアカップを贈った。
7. 結婚式の招待状をもらった。
8. 小学校の校庭でサッカーをした。
9. 今週の清掃当番は田中さんと山田さんです。
10. アパートの契約書にサインする。

1	
2	
3	
4	
5	
6	
7	
8	
9	
10	

【2】漢字を書いてください。

1. 結婚祝いにしょうひんけんをもらった。
2. 友人の誕生日パーティーにまねかれた。
3. 北見先生に欠席とどけを出した。
4. 信号のない道路をわたるときは気をつけてください。
5. アンケート用紙を一部ずつくばった。
6. てんどんを一つください。
7. このちいきは歩行禁煙だ。
8. ざっしは買わないで立ち読みする。
9. 電車に乗るときはならんで待つものだ。
10. 本がきれいにせいりされて並んでいる。

1	
2	
3	
4	
5	
6	
7	
8	
9	
10	

交通1(こうつう)

駐 チュウ
(15)

ロンドンに駐在(ちゅうざい)する　駐車禁止(ちゅうしゃきんし)
駐日(ちゅうにち)カナダ大使(たいし)

輪 わ / リン
(15)

輪(わ)になる　指輪(ゆびわ)　花輪(はなわ)　犬(いぬ)の首輪(くびわ)
車輪(しゃりん)　三輪車(さんりんしゃ)　駐輪(ちゅうりん)　前輪(ぜんりん)と後輪(こうりん)
一輪(いちりん)の花(はな)

港 みなと / コウ
(12)

港(みなと)に船(ふね)が入(はい)る　神戸港(こうべこう)　漁港(ぎょこう)
神戸(こうべ)を出港(しゅっこう)する　空港(くうこう)に着陸(ちゃくりく)する
△香港(ほんこん)

到 トウ
(8)

飛行機(ひこうき)が到着(とうちゃく)する　目標(もくひょう)に到達(とうたつ)する
予約(よやく)が殺到(さっとう)する
△用意周到(よういしゅうとう)

途 ト
(10)

途中(とちゅう)で友達(ともだち)に会(あ)う　発展途上国(はってんとじょうこく)
中途半端(ちゅうとはんぱ)　用途(ようと)が広(ひろ)い　途方(とほう)にくれる
△前途多難(ぜんとたなん)

過 す-ぎる　す-ごす / あやま-つ　あやま-ち / カ
(12)

夏(なつ)が過(す)ぎる　楽(たの)しい時(とき)を過(す)ごす
過(あやま)って相手(あいて)にけがをさせる
過(あやま)ちを犯(おか)す　通過(つうか)　過去(かこ)　過半数(かはんすう)

交通2
こうつう

符　フ
(11)

符			

電車の切符　音符　符号をつける
でんしゃ　きっぷ　おんぷ　ふごう

停　テイ
(11)

停			

停車する　バスの停留所　各駅停車
ていしゃ　ていりゅうじょ　かくえきていしゃ
心臓が停止する　業務が停滞する
しんぞう　ていし　ぎょうむ　ていたい
停学　停戦　停電
ていがく　ていせん　ていでん

標　ヒョウ
(15)

標			

目標を定める　標準　道路標識
もくひょう　さだ　ひょうじゅん　どうろひょうしき
昆虫の標本　交通安全の標語
こんちゅうひょうほん　こうつうあんぜん　ひょうご
非難の標的となる
ひなん　ひょうてき

普　フ
(12)

普			

普通の家庭に育つ　普通高校　普段着
ふつう　かてい　そだ　ふつうこうこう　ふだんぎ
DVDが普及する　普遍的
ふきゅう　ふへんてき

刻　きざ-む　コク
(8)

刻			

ねぎを刻む　心に刻む　彫刻
きざ　こころ　きざ　ちょうこく
遅刻　電車が到着する時刻
ちこく　でんしゃ　とうちゃく　じこく
定刻　深刻な問題
ていこく　しんこく　もんだい

違　ちが-う　ちが-える　イ
(13)

違			

習慣が違う　漢字を間違える
しゅうかん　ちが　かんじ　まちが
交通違反　違法　意見の相違点
こうつういはん　いほう　いけん　そういてん
違和感
いわかん

産業
さんぎょう

漁　ギョ　リョウ
(14)

漁業を営む　漁村　漁港　漁船
ぎょぎょう いとな　ぎょそん　ぎょこう　ぎょせん
漁をする　漁師　大漁
りょう　りょうし　たいりょう

輸　ユ
(16)

大型船で輸送する　石油を輸入する
おおがたせん　ゆそう　せきゆ　ゆにゅう
輸出　輸血用の血液　空輸　密輸
ゆしゅつ　ゆけつよう　けつえき　くうゆ　みつゆ

製　セイ
(14)

新製品を開発する　映画を製作する
しんせいひん　かいはつ　えいが　せいさく
イタリア製の靴　製造年月日
せい　くつ　せいぞうねんがっぴ
木製の家具　複製
もくせい　かぐ　ふくせい

郵　ユウ
(11)

郵便局　郵便が届く　本を郵送する
ゆうびんきょく　ゆうびん　とど　ほん　ゆうそう

航　コウ
(10)

航海する　航空機　航空便で送る
こうかい　こうくうき　こうくうびん　おく
航路　嵐で欠航する
こうろ　あらし　けっこう
話し合いが難航する
はな　あ　なんこう

融　ユウ
(16)

金融機関　銀行から融資を受ける
きんゆうきかん　ぎんこう　ゆうし　う
融合　氷の融点　融通がきかない人
ゆうごう　こおり　ゆうてん　ゆうずう　ひと

銀行(ぎんこう) 1

戻

もど-る　もど-す
レイ

(7)

席(せき)に戻(もど)る　元(もと)に戻(もど)す　払(はら)い戻(もど)す
後戻(あともど)り
△借用(しゃくよう)した本(ほん)を返戻(へんれい)する

換

か-わる　か-える
カン

(12)

隣(となり)と席(せき)を換(か)わる　宝石(ほうせき)を現金(げんきん)に換(か)える
換気(かんき)する　意見(いけん)を交換(こうかん)する　変換(へんかん)
気分転換(きぶんてんかん)

払

はら-う
フツ

(5)

お金(かね)を払(はら)う　前払(まえばら)い　支払(しはら)い
△不信感(ふしんかん)を払拭(ふっしょく)する

込

こ-む　こ-める

(5)

電車(でんしゃ)が込(こ)む　心(こころ)を込(こ)める　税込(ぜいこ)み
荷物(にもつ)を詰(つ)め込(こ)む　黙(だま)り込(こ)む

両

リョウ

(6)

両方(りょうほう)　両側(りょうがわ)　両手(りょうて)　両親(りょうしん)　車両(しゃりょう)
勉強(べんきょう)と仕事(しごと)を両立(りょうりつ)させる

替

か-わる　か-える
タイ

(12)

運転(うんてん)を替(か)わる　円(えん)をドルに替(が)える
選手(せんしゅ)を交替(こうたい)する　両替(りょうがえ)
△為替(かわせ)レート

銀行２
ぎんこう

照
て-る　て-らす　て-れる
ショウ
(13)

太陽が照っている　法に照らす
たいよう　て　ほう　て
ほめられると照れる　照明
て　しょうめい
残高照会　参照　対照
ざんだかしょうかい　さんしょう　たいしょう

預
あず-かる　あず-ける
ヨ
(13)

貴重品を預かる　荷物を預ける
きちょうひん　あず　にもつ　あず
預金する　普通預金
よきん　ふつうよきん

札
ふだ
サツ
(5)

名札をつける　千円札　札束
なふだ　せんえんさつ　さつたば
駅の改札口　玄関の表札
えき　かいさつぐち　げんかん　ひょうさつ

貨
カ
(11)

貨幣　硬貨　通貨　外貨　金貨
かへい　こうか　つうか　がいか　きんか
貨物列車　雑貨　百貨店
かもつれっしゃ　ざっか　ひゃっかてん

帳
チョウ
(11)

手帳に予定を書く　銀行の通帳
てちょう　よてい　か　ぎんこう　つうちょう
記帳する　帳簿をつける
きちょう　ちょうぼ
借金を帳消しにする
しゃっきん　ちょうけ

振
ふ-る　ふ-れる　ふ-るう
シン
(10)

手を振る　針が振れる　腕を振るう
て　ふ　はり　ふ　うで　ふ
恋人に振られる　経営不振　振動
こいびと　ふ　けいえいふしん　しんどう
振り込み　口座振替
ふ　こ　こうざふりかえ

町(まち)　復習(ふくしゅう)

【1】漢字(かんじ)の読(よ)み方(かた)を書(か)いてください。

1. ラーメンに入(い)れるねぎを刻む。
2. 電車(でんしゃ)の到着が遅(おく)れた。
3. 彼(かれ)は何度(なんど)も過ちを繰(く)り返(かえ)している。
4. 電車(でんしゃ)の切符を窓口(まどぐち)で買(か)った。
5. 私(わたし)はいつも製造年月日を確認(かくにん)してから買(か)う。
6. 京都(きょうと)まで各駅(かくえき)停車で行(い)く。
7. 台風(たいふう)で全便(ぜんびん)欠航になった。
8. 金融機関(きかん)への規制(きせい)が強化(きょうか)された。
9. この部屋(へや)から船(ふね)が港に入(はい)るのが見(み)える。
10. 気分転換にカラオケに行(い)った。

1	
2	
3	
4	
5	
6	
7	
8	
9	
10	

【2】漢字(かんじ)を書(か)いてください。

1. プレゼントにゆびわをもらった。
2. 日本(にほん)は原材料(げんざいりょう)を外国(がいこく)からゆにゅうしている。
3. 銀行(ぎんこう)で円(えん)をドルにりょうがえする。
4. ここはちゅうしゃ禁止(きんし)だ。
5. 簡単(かんたん)な問題(もんだい)をまちがえた。
6. インターネットがふきゅうする。
7. 貴重品(きちょうひん)をフロントにあずけた。
8. 家(いえ)へ帰(かえ)るとちゅうで友達(ともだち)に会(あ)った。
9. 将来(しょうらい)のもくひょうを決(き)めた。
10. てちょうを電車(でんしゃ)の中(なか)に忘(わす)れた。

1	
2	
3	
4	
5	
6	
7	
8	
9	
10	

1章・2章　アチーブメントテスト

【1】次の文の下線をつけた言葉の読み方を①～④の中から選び、番号を書いてください。

1．部長が戻られたら、すぐ会議を始めます。

①　かえられた　②　もどられた　③　よられた　④　こられた

2．台風で海が荒れて、漁に出られない。

①　ぎょう　②　ゆう　③　りょう　④　りゅう

3．皿に料理をきれいに盛りつける。

①　もりつける　②　さかりつける　③　のりつける　④　せいりつける

4．学校の近くに引っ越すため、新しいアパートの契約書にサインした。

①　けえやく　②　けいやく　③　きつやく　④　けんやく

5．アルバイトでビルの清掃をしている。

①　そうじ　②　しょうそう　③　せいじ　④　せいそう

1		2		3		4		5	

【2】次の文の下線をつけた言葉の書き方を①～④の中から選び、番号を書いてください。

1．日本は石油などの原料を、外国からゆにゅうしている。

①　輸入　②　輪入　③　転入　④　軒入

2．クラスメートに旅行のおみやげをくばった。

①　送った　②　給った　③　渡った　④　配った

3．このざっしは人気があるので、すぐ売り切れてしまう。

①　雑書　②　雑誌　③　雑紙　④　雑詩

4．新幹線が東京駅に５分遅れてとうちゃくした。

①　当着　②　倒着　③　投着　④　到着

5．部屋の空気を入れかえるために、窓を開けた。

①　換える　②　変える　③　替える　④　返る

1		2		3		4		5	

【3】①～⑳の下線部の漢字または読み方を書いてください。

デパートからバーゲンの①招待券が②とどいた。受付で招待券を③わたすと、プレゼントがもらえるようだ。デパートに行ってみると買い物客でとても④混雑していた。最近結婚した友だちのお祝いに、⑤丼を買った。他の荷物と一緒に家まで⑤はいたつしてもらうことにした。

銀行では窓口に⑦ならばなくても、ＡＴＭでいろいろなことができる。現金の⑧振り込み、⑨つうちょうの⑩記帳、⑪預金の⑫残高照会などだ。また、現金を引き出す時⑬両替もできる。最近は24時間使えるATMも増えてきたので、ますます便利になってきた。

最近、親と⑭どうきょするため⑮にわがある家に⑯ひっこした。駅から遠くなったのでバスで通おうと思ったが、バス⑰ていまで歩かなくてはならないし、⑱運賃も高いので、自転車で通うことにした。駅の近くは⑲駐輪禁止の⑳くいきが多いので、駐輪場に止めることにした。

①	②	③	④
⑤	⑥	⑦	⑧
⑨	⑩	⑪	⑫
⑬	⑭	⑮	⑯
⑰	⑱	⑲	⑳

1章・2章　クイズ

【1】熟語を消していくと、最後に残る漢字は何でしょう。

駐	指	輪	優	発	心
車	漁	港	越	展	配
禁	掃	並	感	途	乗
止	除	列	庭	上	車
流	著	名	人	国	券
域	週	刊	誌	汚	染

□

【2】□から漢字を選び言葉を完成させてください。また、（　）に読み方も書いてください。

1．家族の反対を押し切って結婚したのだから、もう後□りはできない。（　　　）

2．このパソコンは税□みで十万円だ。（　　　）

3．普通□金の口座を開く。（　　　）

4．レポートを書くのに、この本を参□してください。（　　　）

5．手□に今週の予定を書く。（　　　）

6．経営不□でその会社は社長が交□した。（　　　）（　　　）

7．二位の選手が一位の選手を追い□した。（　　　）

8．仕事のあとで飲む□酒屋のビールは最高だ。（　　　）

替	戻	込	帳	越	居	含	照	振	預

【3】（　　　）の中にカタカナの読み方をする漢字を書いてください。

1．コウ　①時間どおり空（　　　）に着陸した。
　　　　②台風で飛行機が欠（　　　）になった。

2．カン　①夕（　　　）を駅の売店で買った。
　　　　②このマンガは全（　　　）で30冊もある。
　　　　③ひらがなを漢字に変（　　　）する。

3．ユウ　①（　　　）便局で切手を買った。
　　　　②店を開店するため、銀行から（　　　）資を受けた。

4．セイ　①その会社のパーティーは有名人も多く、（　　　）大だった。
　　　　②作文の（　　　）書をする。
　　　　③この絵は本物に見えるが実は複（　　　）だ。
　　　　④もう少し机の上を（　　　）理してください。

5．ト　　①（　　　）航の手続きのため、大使館へ行った。
　　　　②学校へ行く（　　　）中で昔の恋人に会った。

6．ショウ　①議会を（　　　）集するため、関係者にメールを出した。
　　　　②家を借りるために保（　　　）人にサインしてもらった。

7．カ　　①地震の後に（　　　）設住宅が建てられた。
　　　　②電車が駅を通（　　　）した。

【4】例のように間違っている漢字に下線を引いて、（　　　）に正しい漢字を書いてください。

例）いろいろな道具を使って、絵をかきます。　（　具　）

1．休みの日は帰除をします。　（　　　）

2．アイスクリームが容けないうちに早く召し上がってください。（　　　）

3．朝の電車はいつも昆雑している。　（　　　）

4．毎月ファッション雑志を三冊買う。　（　　　）

5．運動会の最後に輸になって踊った。　（　　　）

6．目票を決めて勉強する。　（　　　）

7．わたしの父は魚師だ。　（　　　）

花1
はな

桜
さくら
オウ

(10)

桜

桜が満開だ　夜桜　桜前線
さくら　まんかい　よざくら　さくらぜんせん
桜エビ　桜桃
さくら　おうとう

梅
うめ
バイ

(10)

梅

梅の花が咲いている　梅干し　梅酒
うめ　はな　さ　うめぼ　うめしゅ
梅雨前線　梅雨
ばいうぜんせん　つゆ
△いい塩梅だ
あんばい

松
まつ
ショウ

(8)

松

大きい松の木　松ぼっくり　門松
おお　まつ　き　まつ　かどまつ
松竹梅
しょうちくばい

杉
すぎ

(7)

杉

杉の木　屋久島の縄文杉
すぎ　き　やくしま　じょうもんすぎ
杉の花粉
すぎ　かふん

美
うつく-しい
ビ

(9)

美

美しい女性　美しい心
うつく　じょせい　うつく　こころ
夜空に美しく輝く星　美と健康を保つ
よぞら　うつく　かがや　ほし　び　けんこう　たも
美容室　美人
びようしつ　びじん

香
かお-る　かお-り　か
コウ　キョウ

(9)

香

梅が香る　バラの香り　お香を焚く
うめ　かお　かお　こう　た
香水　香辛料　トイレの芳香剤
こうすい　こうしんりょう　ほうこうざい
△将棋の香車
しょうぎ　きょうしゃ

ファッション 1

脱
ぬ-げる　ぬ-ぐ
ダツ

(11)

脱

靴が脱げる　服を脱ぐ　脱衣所
くつ　ぬ　ふく　ぬ　だついじょ

離脱　脱税　脱線　脱退
りだつ　だつぜい　だっせん　だったい

危機を脱する
きき　だっ

掛
か-かる　か-ける　かかり

(11)

掛

壁に絵が掛かっている　布団を掛ける
かべ　え　か　ふとん　か

どうぞお掛けください　掛け算
か　か　ざん

気掛かりなこと
きが

姿
すがた
シ

(9)

姿

後ろ姿が美しい女性　着物姿
うし　すがた　うつく　じょせい　きものすがた

将来の日本の姿を考える　容姿
しょうらい　にほん　すがた　かんが　ようし

勢
いきお-い
セイ

(13)

勢

犬が勢いよく飛びかかってきた
いぬ　いきお　と

チームに勢いがある　国際情勢
いきお　こくさいじょうせい

姿勢　台風の勢力　大勢の人
しせい　たいふう　せいりょく　おおぜい　ひと

柔
やわ-らか　やわ-らかい
ジュウ　ニュウ

(9)

柔

柔らかな布団　体が柔らかい
やわ　ふとん　からだ　やわ

柔道
じゅうどう

△柔和な性格の人
にゅうわ　せいかく　ひと

軟
やわ-らか　やわ-らかい
ナン

(11)

軟

大根を軟らかく煮る
だいこん　やわ　に

軟らかいごはん　柔軟に対応する
やわ　じゅうなん　たいおう

柔軟剤　態度が軟化する
じゅうなんざい　たいど　なんか

様子(ようす)を表(あらわ)す言葉(ことば)1

固

かた-まる　かた-める
かた-い
コ

(8)

コンクリートが固(かた)まる
方針(ほうしん)を固(かた)める　頭(あたま)が固(かた)い　固体(こたい)
固定(こてい)する

純

ジュン

(10)

純情(じゅんじょう)な人(ひと)　純粋(じゅんすい)な心(こころ)
単純(たんじゅん)な問題(もんだい)

快

こころよ-い
カイ

(7)

快(こころよ)い返事(へんじ)　快(こころよ)く引(ひ)き受(う)ける
快適(かいてき)な部屋(へや)　快調(かいちょう)　快気祝(かいきいわ)い

甘

あま-える　あま-やかす
あま-い
カン

(5)

親(おや)に甘(あま)える　子供(こども)を甘(あま)やかす
甘(あま)いみかん　甘(あま)い生活(せいかつ)
人生(じんせい)は甘(あま)くない　甘酒(あまざけ)　甘味料(かんみりょう)

濃

こ-い
ノウ

(16)

スープの味(あじ)が濃(こ)い　霧(きり)が濃(こ)い
化粧(けしょう)が濃(こ)い　濃厚(のうこう)な味(あじ)わい
色(いろ)の濃淡(のうたん)　容疑(ようぎ)が濃厚(のうこう)になる

薄

うす-める　うす-まる
うす-らぐ　うす-れる　うす-い
ハク

(16)

水(みず)で味(あじ)を薄(うす)める　味(あじ)が薄(うす)まる
痛(いた)みが薄(うす)らぐ　記憶(きおく)が薄(うす)れる　色(いろ)が薄(うす)い
薄(うす)い紙(かみ)　薄型(うすがた)テレビ　軽薄(けいはく)な人(ひと)

文化(ぶんか) 1

劇　ゲキ
(15)

劇			

劇場(げきじょう)で演劇(えんげき)を見(み)る　時代劇(じだいげき)
人形劇(にんぎょうげき)　劇団員(げきだんいん)　悲劇(ひげき)

舞　ま-う　まい　ブ
(15)

舞			

花(はな)びらが風(かぜ)に舞(ま)う　友人(ゆうじん)を見舞(みま)う
お見舞(みま)い　舞台(ぶたい)に立(た)つ　歌舞伎(かぶき)
△舞妓(まいこ)

堂　ドウ
(11)

堂			

食堂(しょくどう)　寺(てら)の本堂(ほんどう)
講堂(こうどう)で卒業式(そつぎょうしき)を行(おこな)う　オペラの殿堂(でんどう)
国会議事堂(こっかいぎじどう)　堂々(どうどう)とした態度(たいど)

展　テン
(10)

展			

作品(さくひん)を展示(てんじ)する　絵画展(かいがてん)
町(まち)が発展(はってん)する　話(はなし)の展開(てんかい)
捜査(そうさ)が進展(しんてん)する

宗　シュウ　ソウ
(8)

宗			

宗教(しゅうきょう)を信仰(しんこう)する　宗派(しゅうは)　改宗(かいしゅう)する
△茶道(さどう)の宗家(そうけ)

恵　めぐ-む　ケイ　エ
(10)

恵			

お金(かね)を恵(めぐ)む　恵(めぐ)まれた生活(せいかつ)
恩恵(おんけい)を受(う)ける　生活(せいかつ)の知恵(ちえ)

歴史（れきし）

宝
たから
ホウ
(8)

宝物（たからもの）　子宝（こだから）に恵（めぐ）まれる　宝（たから）くじ
宝船（たからぶね）　国宝（こくほう）　宝石（ほうせき）
先祖代々（せんぞだいだい）の家宝（かほう）

城
しろ
ジョウ
(9)

城（しろ）を築（きず）く　大阪城（おおさかじょう）　城壁（じょうへき）
城下町（じょうかまち）
△宮城県（みやぎけん）

栄
さか-える　は-える
は-え
エイ
(9)

文明（ぶんめい）が栄（さか）える　子孫（しそん）が繁栄（はんえい）する
栄養（えいよう）　過去（かこ）の栄光（えいこう）　光栄（こうえい）に思（おも）う
△見栄（みえ）を張（は）る　△栄（は）えある受賞（じゅしょう）

蔵
くら
ゾウ
(15)

庭（にわ）に蔵（くら）がある　米（こめ）を貯蔵（ちょぞう）する
冷蔵庫（れいぞうこ）　図書館（としょかん）の蔵書（ぞうしょ）

昭
ショウ
(9)

明治（めいじ）・大正（たいしょう）・昭和（しょうわ）・平成（へいせい）
昭和（しょうわ）50年（ねん）生まれ

士
シ
(3)

江戸時代（えどじだい）の武士（ぶし）　栄養士（えいようし）　建築士（けんちくし）
介護士（かいごし）

文化(ぶんか)　復習(ふくしゅう)

【1】漢字(かんじ)の読(よ)み方(かた)を書(か)いてください。

1. 富士山(ふじさん)は日本(にほん)で最(もっと)も美しい山(やま)だ。
2. 梅雨前線が日本列島(にほんれっとう)を覆(おお)っている。
3. ここにコートを掛けてください。
4. 彼女(かのじょ)は何(なに)があっても柔軟に対応(たいおう)できる人(ひと)だ。
5. あの図書館(としょかん)の蔵書数(すう)は、都内(とない)で一番(いちばん)だ。
6. 私(わたし)は香水を集(あつ)めるのが好(す)きだ。
7. 母(はは)の誕生日(たんじょうび)に宝石をプレゼントした。
8. 祖母(そぼ)は毎日(まいにち)時代劇を見(み)るのを楽(たの)しみにしている。
9. 山田(やまだ)さんは快く司会(しかい)を引(ひ)き受(う)けてくれた。
10. ボーナスをもらったので、最新(さいしん)の薄型テレビを買(か)った。

1	
2	
3	
4	
5	
6	
7	
8	
9	
10	

【2】漢字(かんじ)を書(か)いてください。

1. たんじゅんな問題(もんだい)で10分(ぷん)も考(かんが)えてしまった。
2. しせいが悪(わる)いと、目(め)も悪(わる)くなるので気(き)をつけてください。
3. 春(はる)になると、すぎの花粉(かふん)に悩(なや)まされる。
4. 小(ちい)さいころ、祖母(そぼ)から生活(せいかつ)のちえをたくさん教(おそ)わった。
5. 彼(かれ)はとても頭(あたま)がかたい人(ひと)なので、他(ほか)の人(ひと)の意見(いけん)を聞(き)かない。
6. 今週(こんしゅう)の日曜日(にちようび)、一緒(いっしょ)にさくらを見(み)に行(い)きましょう。
7. 現在(げんざい)の日本(にほん)の大都市(だいとし)は、昔(むかし)じょうかまちだった。
8. この町(まち)の交通(こうつう)は10年間(ねんかん)で急速(きゅうそく)にはってんした。
9. 部屋(へや)の中(なか)ではコートをぬいでください。
10. 友達(ともだち)が入院(にゅういん)したので、おみまいに行(い)った。

1	
2	
3	
4	
5	
6	
7	
8	
9	
10	

健康1
けんこう

健
すこ-やか
ケン
(11)

健

健やかに育つ　保健室　健在
すこ　そだ　ほけんしつ　けんざい
健全な考え　健闘をたたえる
けんぜん　かんが　けんとう

康
コウ
(11)

康

健康的な生活を送る　健康保険
けんこうてき　せいかつ　おく　けんこうほけん
健康美
けんこうび

診
み-る
シン
(12)

診

医者に診てもらう　健康診断
いしゃ　み　けんこうしんだん
定期健診　診察室　初診　休診
ていきけんしん　しんさつしつ　しょしん　きゅうしん
意向を打診する
いこう　だしん

療
リョウ
(17)

療

診療時間を調べる　治療
しんりょうじかん　しら　ちりょう
療養中　医療保険制度
りょうようちゅう　いりょうほけんせいど
医療機器
いりょうきき

命
いのち
メイ　ミョウ
(8)

命

命を授かる　命を落とす　生命
いのち　さず　いのち　お　せいめい
命名　運命　的に命中する
めいめい　うんめい　まと　めいちゅう
命令　命日　平均寿命
めいれい　めいにち　へいきんじゅみょう

異
こと
イ
(11)

異

異なる考え　体に異変を感じる
こと　かんが　からだ　いへん　かん
異常気象　異国の地　異性　体の異状
いじょうきしょう　いこく　ち　いせい　からだ　いじょう
△異にする
こと

体(からだ) 1

背

せ　せい　そむ-く　そむ-ける
ハイ

(9)

背			

背中(せなか)　背(せ)が伸(の)びる　背(せ)を向(む)ける
背比(せいくら)べ　親(おや)の期待(きたい)に背(そむ)く　顔(かお)を背(そむ)ける
背景(はいけい)　背後(はいご)　本(ほん)の背表紙(せびょうし)

腹

はら
フク

(13)

腹			

腹(はら)が立(た)つ　腹(はら)を決(き)める　腹(はら)を割(わ)って話(はな)す
太(ふと)っ腹(ぱら)　空腹(くうふく)をおぼえる　満腹(まんぷく)
△山腹(さんぷく)

肩

かた
ケン

(8)

肩			

肩(かた)がこる　肩幅(かたはば)が広(ひろ)い　肩(かた)の荷(に)が下(お)りる
肩書(かたが)き　肩(かた)を並(なら)べる　肩入(かたい)れする
△肩甲骨(けんこうこつ)

腕

うで
ワン

(12)

腕			

腕時計(うでどけい)　腕組(うでぐ)みをする　腕相撲(うでずもう)
腕(うで)がいい　腕前(うでまえ)をみせる
腕試(うでだめ)し　腕力(わんりょく)　腕白(わんぱく)な子供(こども)

胸

むね　むな
キョウ

(10)

胸			

胸(むね)がどきどきする　胸焼(むねや)けがする
胸(むね)が痛(いた)む　胸(むね)を打(う)つ　胸騒(むなさわ)ぎ
胸囲(きょうい)を測(はか)る　度胸(どきょう)がある

腰

こし
ヨウ

(13)

腰			

腰(こし)を曲(ま)げる　腰(こし)が低(ひく)い　腰(こし)が抜(ぬ)ける
話(はなし)の腰(こし)を折(お)る　けんか腰(ごし)　腰痛(ようつう)

体2
からだ

脳　ノウ
(11)

脳の働き　頭脳明晰　脳科学
のう はたら　ずのうめいせき　のうかがく

首脳会談　脳裏に刻む　洗脳
しゅのうかいだん　のうり きざ　せんのう

臓　ゾウ
(19)

内臓　心臓　臓器移植
ないぞう　しんぞう　ぞうきいしょく

胃　イ
(9)

胃の検査　胃痛がひどい　胃腸薬
い けんさ　いつう　いちょうやく

胃袋　胃炎
いぶくろ　いえん

△胃がん
い

筋　すじ　キン
(12)

足の筋を痛める　背筋を伸ばす
あし すじ いた　せすじ の

筋道を立てて話す　血筋　腹筋
すじみち た はな　ちすじ　ふっきん

筋肉をきたえる　鉄筋
きんにく　てっきん

骨　ほね　コツ
(10)

魚の骨を取る　背骨　足を骨折する
さかな ほね と　せぼね　あし こっせつ

骨の折れる仕事　接骨院
ほね お しごと　せっこついん

△骨董品
こっとうひん

節　ふし　セツ　セチ
(13)

人生の節目　関節が痛い　節分
じんせい ふしめ　かんせつ いた　せつぶん

季節　節約　温度調節　お節
きせつ　せつやく　おんどちょうせつ　せち

△お節介をやく
せっかい

診察1
しんさつ

症　ショウ
(10)

症			

重症　軽症
じゅうしょう　けいしょう
炎症を起こす　けがの後遺症
えんしょう　お　こういしょう
症候群
しょうこうぐん

状　ジョウ
(7)

状			

風邪の症状がある　命に別状はない
かぜ　しょうじょう　いのち　べつじょう
賞状　贈り物の礼状を出す
しょうじょう　おく　もの　れいじょう　だ
形状　白状する
けいじょう　はくじょう

因　よ-る　イン
(6)

因			

地震に因る被害　病気の原因
じしん　よ　ひがい　びょうき　げんいん
死因　因果関係　因縁
しいん　いんがかんけい　いんねん

況　キョウ
(8)

況			

状況が一変する　近況を報告する
じょうきょう　いっぺん　きんきょう　ほうこく
スポーツの実況中継　不況
じっきょうちゅうけい　ふきょう

態　タイ
(14)

態			

態度が悪い　緊急事態
たいど　わる　きんきゅうじたい
容態が急変する　植物の生態調査
ようだい　きゅうへん　しょくぶつ　せいたいちょうさ
受け入れ態勢を整える
う　い　たいせい　ととの

圧　アツ
(5)

圧			

血圧を測る　低血圧　高気圧
けつあつ　はか　ていけつあつ　こうきあつ
圧力をかける　圧倒的な強さ
あつりょく　あっとうてき　つよ
圧勝
あっしょう

治療(ちりょう)

傷
いた-む　いた-める　きず
ショウ

(13)

傷			

腕(うで)に傷(きず)がある　果物(くだもの)が傷(いた)む
花(はな)を傷(いた)める　負傷(ふしょう)する　重傷(じゅうしょう)
傷害事件(しょうがいじけん)　他人(たにん)を中傷(ちゅうしょう)する

処
ショ

(5)

処			

応急処置(おうきゅうしょち)をとる　古(ふる)い家具(かぐ)を処分(しょぶん)する
苦情(くじょう)を処理(しょり)する　対処(たいしょ)

触
さわ-る　ふ-れる
ショク

(13)

触			

おなかに触(さわ)る　隣(となり)の人(ひと)と肩(かた)が触(ふ)れる
外気(がいき)に触(ふ)れる　目(め)に触(ふ)れる
感触(かんしょく)　触覚(しょっかく)

針
はり
シン

(10)

針			

針(はり)と糸(いと)　時計(とけい)の針(はり)が止(と)まる
注射針(ちゅうしゃばり)　針金(はりがね)　長針(ちょうしん)と短針(たんしん)
方針(ほうしん)　指針(ししん)

抜
ぬ-ける　ぬ-かる
ぬ-く　ぬ-かす
バツ

(7)

抜			

タイヤの空気(くうき)が抜(ぬ)ける　針(はり)を抜(ぬ)く
仕事(しごと)の手(て)を抜(ぬ)く　抜(ぬ)き打(う)ちテスト
腰(こし)を抜(ぬ)かす　運動神経(うんどうしんけい)が抜群(ばつぐん)だ

完
カン

(7)

完			

病気(びょうき)が完治(かんち)する　ビルが完成(かんせい)する
ドラマの完結編(かんけつへん)　エアコン完備(かんび)
完了(かんりょう)　完璧(かんぺき)

健康－1　復習

【1】漢字の読み方を書いてください。

1. 診察室の前で名前が呼ばれるのを待つ。
2. 身体検査で胸囲を測る。
3. 入学祝いに両親から腕時計をもらった。
4. 朝から何も食べていないので空腹だ。
5. 腹筋を五十回するのが日課だ。
6. 抜群の成績で卒業する。
7. 友人に手紙で近況を伝えた。
8. 故郷の美しい景色を脳裏に刻む。
9. 健康保険料が値上がりした。
10. 今回の地震に因る被害総額は百億円だった。

1	
2	
3	
4	
5	
6	
7	
8	
9	
10	

【2】漢字を書いてください。

1. 具合が悪くなったので、ほけんしつで休んだ。
2. 彼は医者と作家、二つのかたがきを持っている。
3. ゴリラのせいたいを観察する。
4. 子どものころ、よく友だちとせい比べをしたものだ。
5. せいめいほけんに加入する。
6. すじみちを立てて考え、説明する能力を養う。
7. 昨晩から風邪のしょうじょうがでている。
8. 病院のしんりょう時間を調べる。
9. 驚いて腰をぬかしてしまった。
10. 病院でおうきゅうしょちを受ける。

1	
2	
3	
4	
5	
6	
7	
8	
9	
10	

３章・４章　アチーブメントテスト

【1】次の文の下線をつけた言葉の読み方を①～④の中から選び、番号を書いてください。

1．チームに勢いがあるので、優勝できるはずだ。

①　するどい　②　いせい　③　いきおい　④　かこい

2．彼は柔和な性格だ。

①　じゅうわ　②　にゅうわ　③　そうわ　④　くわわ

3．エジプトで古代文明が栄えた。

①　さかえた　②　めばえた　③　たたえた　④　かかえた

4．親の期待に背いて、就職をしなかった。

①　はいて　②　せむいて　③　そいて　④　そむいて

5．人生の節目にお祝いをする。

①　せつめ　②　ふしめ　③　せつもく　④　ふしもく

1		2		3		4		5	

【2】次の文の下線をつけた言葉の書き方を①～④の中から選び、番号を書いてください。

1．暑いのでジャケットをぬいだ。

①　着いだ　②　吐いだ　③　抜いだ　④　脱いだ

2．ペンの色がうすくて見えない。

①　薄くて　②　厚くて　③　白くて　④　濃くて

3．先週買ったバナナがいたんでしまい、食べられない。

①　傷んで　②　痛んで　③　抜んで　④　炒んで

4．彼は誰に対してもこしが低い。

①　頭　②　胸　③　臓　④　腰

5．他の人とはことなる考えを持っている。

①　異なる　②　背なる　③　肩なる　④　同なる

1		2		3		4		5	

【3】①～⑳の下線部の漢字または読み方を書いてください。

4月1日（水）

日本で有名な花といえば①桜だ。4月になると、ピンク色の②うつくしい花を咲かせる。また、2～3月には③うめが咲く。④松や⑤杉も日本では有名な木である。日本では、四季を通していろいろな花を見ることができ、その⑥かおりも楽しめる。また、うつくしい花を⑦背景に写真を撮るのも良いものだ。

5月12日（火）

家に帰ってまず靴を⑧脱ぎ、上着を⑨かける。そして、Tシャツと短パンに着替えて、DVDを見ながら⑩じゅうなん体操をするのが私の日課だ。健康のために、日ごろから良い⑪姿勢を保つことを心がけている。また、毎日野菜のスープも飲んでいる。野菜には⑫甘みがあるので、調味料は塩だけだ。味つけは⑬薄めにしているが、昨日作ったのは少し⑭こかった。

7月3日（金）

最近、⑮胃の調子が悪い。⑯げんいんを調べるために病院へ行った。まず⑰けつあつを計って、採血をした。⑱針を⑲抜くときが一番⑳痛かった。結果は来週出るそうだ。

①	②	③	④
⑤	⑥	⑦	⑧
⑨	⑩	⑪	⑫
⑬	⑭	⑮	⑯
⑰	⑱	⑲	⑳

３章・４章　クイズ

【1】次の文の（　　）に体に関係する漢字を入れてください。

1．毎晩夕食を作っているので、料理の（　　　　）が上がった。

2．彼は短気なので、すぐ（　　　　）を立てる。

3．岸さんは（　　　　）が低く、感じがいいので、営業マンにはぴったりだ。

4．サッカーの試合で、足の（　　　　）を折ってしまった。

5．人間の手足は（　　　　）の命令によって動く。

【2】体の部分の名前を □ に書いてください。

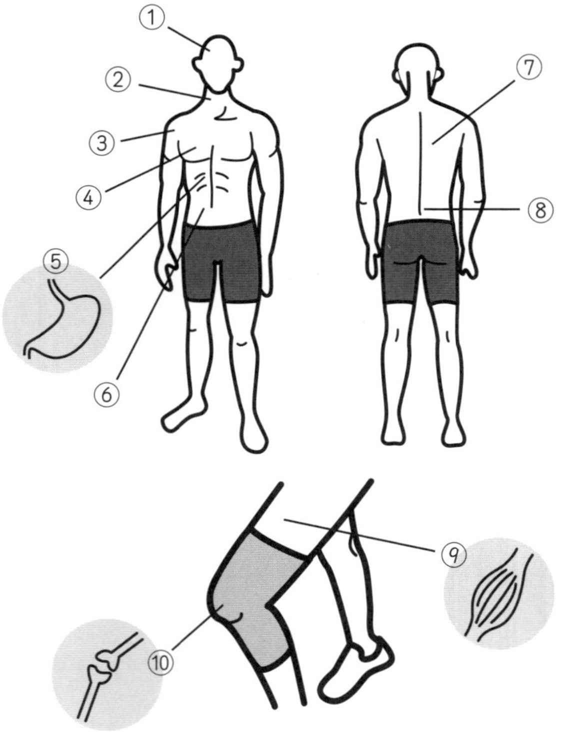

①	②
③	④
⑤	⑥
⑦	⑧
⑨　肉	⑩　関

【3】反対の意味の言葉を漢字で書いてください。

1．濃い　⇔　□い　　2．辛い　⇔　□い

3．同じ　⇔　□なる　　4．汚い　⇔　□しい

5．服を着る　⇔　服を□ぐ

【4】1～3の読み方の漢字を□に書いてください。

1．カン

①病気が□治するまで、3カ月かかるそうだ。

②このジュースには□味料が入っている。

2．ショウ

①彼は□害事件を起こしてしまった。

②子供のかぜの□状が、思っていたよりも軽かったので安心した。

3．シン

①近所の病院は、火曜日が休□日だ。

②時計の長□が12を指している。

【5】次のチケットの①～⑪の読み方を書いてください。

江戸歴史①展

～江戸時代の生活を見る～

②武士の生活／③堂々たる④江戸城／徳川家の⑤家宝

⑥歌舞伎が⑦栄えたわけ／人々の生活を支えた⑧宗教

江戸時代の人々の⑨知恵／⑩蔵のひみつ

2015年7月1日～8月31日　国立⑪劇場　ロビー

開館時間：10：00～18：00　休館日：毎週月曜日　主催：アーク新聞社　協賛　ARC

①	②	③	④
⑤	⑥	⑦	⑧
⑨	⑩	⑪	

ビジネスマン

忙

いそが-しい
ボウ
(6)

毎日仕事で忙しい　多忙な毎日
まいにちしごと　いそが　たぼう　まいにち
お忙しいところ、すみません
いそが
△繁忙期
はんぼうき

疲

つか-れる
ヒ
(10)

仕事で疲れる　歩きすぎて足が疲れる
しごと　つか　ある　あし　つか
疲労がたまる　疲労回復
ひろう　ひろうかいふく

慣

な-れる　な-らす
カン
(14)

新しい生活に慣れる　仕事に慣れる
あたら　せいかつ　な　しごと　な
外国語に耳を慣らす
がいこくご　みみ　な
使い慣れたペン　生活習慣
つか　な　せいかつしゅうかん

競

きそ-う　せ-る
キョウ　ケイ
(20)

ライバルと成績を競う
せいせき　きそ
ゴール直前まで競る　競争　競技
ちょくぜん　せ　きょうそう　きょうぎ
△競馬
けいば

養

やしな-う
ヨウ
(15)

働いて家族を養う　体力を養う
はたら　かぞく　やしな　たいりょく　やしな
休養　栄養　養殖　養育
きゅうよう　えいよう　ようしょく　よういく
教師を養成する
きょうし　ようせい

兼

か-ねる
ケン
(10)

サラリーマンと農家を兼ねる
のうか　か
兼業　兼任　男女兼用
けんぎょう　けんにん　だんじょけんよう

労働
ろうどう

就
つ-く　つ-ける
シュウ　ジュ
(12)

就			

仕事に就く　就職活動
しごと　つ　しゅうしょくかつどう
就業規則を守る　社長に就任する
しゅうぎょうきそく　まも　しゃちょう　しゅうにん
△弁護士を就ける　△成就
べんごし　つ　じょうじゅ

従
したが-う　したが-える
ジュウ　ショウ　ジュ
(10)

従			

上司の指示に従う　部下を従える
じょうし　しじ　したが　ぶか　したが
長年医者に従事した　従順　主従関係
ながねんいしゃ　じゅうじ　じゅうじゅん　しゅじゅうかんけい
△従容　△従五位
しょうよう　じゅごい

応
こた-える
オウ
(7)

応			

期待に応える　来客に応対する　応援
きたい　こた　らいきゃく　おうたい　おうえん
応用問題　取材の対応　反応が鈍い
おうようもんだい　しゅざい　たいおう　はんのう　にぶ
△臨機応変
りんきおうへん

訪
おとず-れる　たず-ねる
ホウ
(11)

訪			

京都を訪れる　先生の家を訪ねる
きょうと　おとず　せんせい　いえ　たず
他社を訪問する
たしゃ　ほうもん

課
カ
(15)

課			

責任を課す　毎日宿題が課される
せきにん　か　まいにちしゅくだい　か
課題に取り組む　課税　営業課
かだい　と　く　かぜい　えいぎょうか

論
ロン
(15)

論			

議論を続ける　論点をはっきりさせる
ぎろん　つづ　ろんてん
論理的に説明する力が必要だ　小論文
ろんりてき　せつめい　ちから　ひつよう　しょうろんぶん
△論拠
ろんきょ

採用
さいよう

採
と - る
サイ

(11)

採			

新入社員を採る　血を採る
しんにゅうしゃいん と　ち と
採用試験　採決　昆虫採集
さいようしけん　さいけつ　こんちゅうさいしゅう

募
つの - る
ボ

(12)

募			

参加希望者を募る　寄付を募る
さんかきぼうしゃ つの　きふ つの
アルバイトの学生を募集する
がくせい ぼしゅう
採用試験に応募する
さいようしけん おうぼ

雇
やと - う
コ

(12)

雇			

新しく人を雇う　アルバイトを雇う
あたら ひと やと　やと
雇用問題　会社を解雇される
こようもんだい　かいしゃ かいこ
△日雇い労働
ひやと ろうどう

適
テキ

(14)

適			

環境に適応する　適職に就く
かんきょう てきおう　てきしょく つ
適性を調べる　適切な指示を出す
てきせい しら　てきせつ しじ だ
適齢期　適度な運動
てきれいき　てきど うんどう

般
ハン

(10)

般			

一般的　一般人
いっぱんてき　いっぱんじん
一般職を希望する　全般
いっぱんしょく きぼう　ぜんぱん

総
ソウ

(14)

総			

意見を総合する　総合職
いけん そうごう　そうごうしょく
総合病院　総称　総務部
そうごうびょういん　そうしょう　そうむぶ
総力をあげて取り組む
そうりょく と く

営業（えいぎょう）

企 くわだ-てる キ (6)

企

金もうけを企てる（かね、くわだ）
新しい企画を考える（あたら、きかく、かんが）　有名企業（ゆうめいきぎょう）

案 アン (10)

案

具体的な案を考える（ぐたいてき、あん、かんが）　店内を案内する（てんない、あんない）
新規プランを提案する（しんき、ていあん）　発案者（はつあんしゃ）　名案（めいあん）

依 イ エ (8)

依

依存心が強い（いそんしん(いぞん)、つよ）　石油資源に依存する（せきゆしげん、いぞん）
大雨が依然として続く（おおあめ、いぜん、つづ）
△帰依（きえ）

頼 たの-む たの-もしい たよ-る ライ (16)

頼

部下に仕事を頼む（ぶか、しごと、たの）　頼もしい若者（たの、わかもの）
頼りがいのある人（たよ、ひと）　信頼関係を築く（しんらいかんけい、きず）
依頼を受ける（いらい、う）

比 くら-べる ヒ (4)

比

背の高さを比べる（せ、たか、くら）
比べものにならない（くら）　対比（たいひ）
△恵比寿（えびす）

較 カク (13)

較

二つの案を比較する（ふた、あん、ひかく）
比較的やさしい問題（ひかくてき、もんだい）

人事(じんじ)

評
ヒョウ

(12)

評判(ひょうばん)のいいレストラン
新作映画(しんさくえいが)について評論(ひょうろん)する
書評(しょひょう)を書(か)く　総評(そうひょう)を述(の)べる

価
あたい
カ

(8)

商品(しょうひん)に適正(てきせい)な価(あたい)をつける
勉強(べんきょう)の成果(せいか)を評価(ひょうか)する　価値(かち)　価格(かかく)
定価(ていか)　物価(ぶっか)が高(たか)い

改
あらた-める　あらた-まる
カイ

(7)

乱(みだ)れた生活(せいかつ)を改(あらた)める
改(あらた)まった態度(たいど)　改心(かいしん)　改造(かいぞう)
政治改革(せいじかいかく)　本(ほん)を改訂(かいてい)する

善
よ-い
ゼン

(12)

善(よ)い行(おこな)い　善良(ぜんりょう)な市民(しみん)
善意(ぜんい)で協力(きょうりょく)する　待遇(たいぐう)を改善(かいぜん)する
親善試合(しんぜんじあい)　偽善者(ぎぜんしゃ)

勤
つと-める　つと-まる
キン　ゴン

(12)

デパートに勤(つと)めている　勤労感謝(きんろうかんしゃ)の日(ひ)
通勤(つうきん)ラッシュ　勤続(きんぞく)20年(ねん)　転勤(てんきん)　夜勤(やきん)
無断欠勤(むだんけっきん)
△勤行(ごんぎょう)

務
つと-める　つと-まる
ム

(11)

司会(しかい)を務(つと)める　病院(びょういん)に勤務(きんむ)する
義務(ぎむ)を果(は)たす　義務教育(ぎむきょういく)　外務省(がいむしょう)
法務省(ほうむしょう)

仕事　復習

【1】漢字の読み方を書いてください。

1. 社長の彼は、多忙な毎日を送っている。
2. 敬子さんは20年間デパートに勤めている。
3. お客さまを応接間にお通しした。
4. 外国では、生活習慣の違いにおどろくことが多い。
5. 買い物で、1日中いろいろな店を歩き回って疲れた。
6. ご依頼の品物をお届けに参りました。
7. 先生にすすめられて、作文コンクールに応募する。
8. 説明書の指示に従って、本棚を組み立てる。
9. 新しく考えた企画が上司にほめられた。
10. さまざまな分野の本を読んで教養を身につける。

1	
2	
3	
4	
5	
6	
7	
8	
9	
10	

【2】漢字を書いてください。

1. みんなでかいぜん策を検討しましょう。
2. 先輩社員が新入社員に社内をあんないする。
3. データをそうごうてきに判断して結論を出す。
4. A案とB案をひかくして、最終的にA案に決めた。
5. ひとみさんは近所のひょうばんがいい。
6. 人手不足のためにアルバイトの学生をやとう。
7. 活発なぎろんが続き、会議は3時間にも及んだ。
8. ライバルときそうことで、お互いにがんばれる。
9. 遠藤先生は、A校とB校の校長をけんにんしている。
10. 第一志望の会社にしゅうしょくが決まった。

1	
2	
3	
4	
5	
6	
7	
8	
9	
10	

経営
けいえい

営
いとな-む
エイ
(12)

家族で店を営む　自営業　営業職
かぞく　みせ　いとな　じえいぎょう　えいぎょうしょく
会社を経営する　NPO 組織を運営する
かいしゃ　けいえい　そしき　うんえい

景
ケイ
(12)

夜景がきれいな町　風景　絶景
やけい　まち　ふうけい　ぜっけい
景気がいい　福引きの景品
けいき　ふくび　けいひん
△景色　△殺風景な部屋
けしき　さっぷうけい　へや

資
シ
(13)

資産　資金　会議の資料を作る
しさん　しきん　かいぎ　しりょう　つく
資源を守る　資本主義社会
しげん　まも　しほんしゅぎしゃかい
資格試験　資質
しかくしけん　ししつ

益
エキ　ヤク
(10)

利益を出す　収益をあげる
りえき　だ　しゅうえき
有益な時間を過ごす
ゆうえき　じかん　す
△ご利益
りやく

株
かぶ
(10)

切り株　株式会社　株券を発行する
き　かぶ　かぶしきがいしゃ　かぶけん　はっこう
株主総会　株価　株でもうける
かぶぬしそうかい　かぶか　かぶ
△株が上がる
かぶ　あ

債
サイ
(13)

負債を抱える　国債を発行する
ふさい　かか　こくさい　はっこう
債務　債権　債券
さいむ　さいけん　さいけん

販売
はんばい

販　ハン
(11)

販

新商品を販売する　通信販売
しんしょうひん　はんばい　　つうしんはんばい

ネット販売　市販の薬　自動販売機
はんばい　しはん　くすり　じどうはんばいき

購　コウ
(17)

購

製品を大量に購入する
せいひん　たいりょう　こうにゅう

新聞の定期購読を申し込む　購買部
しんぶん　ていきこうどく　もう　こ　こうばいぶ

値　あたい　ね　チ
(10)

値

賞賛に値する行為　値段を設定する
しょうさんあたい　こうい　ねだん　せってい

値段を比べる　値打ちのある品物
ねだん　くら　ねう　しなもの

お金の価値　価値観
かね　かち　かちかん

額　ひたい　ガク
(18)

額

額にしわを寄せる　猫の額ほどの庭
ひたい　よ　ねこ　ひたい　にわ

金額　料金定額制　額縁
きんがく　りょうきんていがくせい　がくぶち

財　ザイ　サイ
(10)

財

すべての財産を失う　財政赤字
ざいさん　うしな　ざいせいあかじ

私財を投じて会社を作る　財布
しざい　とう　かいしゃ　つく　さいふ

納　おさ-める　おさ-まる　ノウ　ナッ　ナ　ナン　トウ
(10)

納

税金を納める　商品が期日までに納まる
ぜいきん　おさ　しょうひん　きじつ　おさ

見納め　納品　収納　納豆　納戸
みおさ　のうひん　しゅうのう　なっとう　なんど

△出納帳
すいとうちょう

利益
りえき

増
まｰす　ふｰえる　ふｰやす
ゾウ
(14)

増

保険の負担額が増す　貯金が増える
ほけん　ふたんがく　ま　ちょきん　ふ
正社員を増やす　人口が増加する
せいしゃいん　ふ　じんこう　ぞうか
増殖
ぞうしょく

減
へｰる　へｰらす
ゲン
(12)

減

子どもの数が減る　おなかが減る
こ　かず　へ　へ
予算を減らす　希少動物が減少する
よさん　へ　きしょうどうぶつ　げんしょう
負担を軽減する
ふたん　けいげん

損
そこｰなう　そこｰねる
ソン
(13)

損

信頼を損なう　昼ご飯を食べ損なう
しんらい　そこ　ひる　はん　た　そこ
相手の気分を損ねる　損害保険
あいて　きぶん　そこ　そんがいほけん
損傷が激しい　破損する
そんしょう　はげ　はそん

得
えｰる　うｰる
トク
(11)

得

収入を得る　許可を得る
しゅうにゅう　え　きょか　え
あり得る話　あり得ない事態
う　はなし　え　じたい
得意なスポーツ　損得　納得
とくい　そんとく　なっとく

拡
カク
(8)

拡

拡大コピー　地図を拡大する
かくだい　ちず　かくだい
会社の規模を拡大する　校舎を拡張する
かいしゃ　きぼ　かくだい　こうしゃ　かくちょう
拡張子
かくちょうし

縮
ちぢｰむ　ちぢｰまる　ちぢｰめる
ちぢｰれる　ちぢｰらす
シュク
(17)

縮

セーターが縮む　相手との距離が縮まる
ちぢ　あいて　きょり　ちぢ
体を縮める　ビニールが溶けて縮れる
からだ　ちぢ　と　ちぢ
縮小コピー　時間短縮
しゅくしょう　じかんたんしゅく
△圧縮ファイル
あっしゅく

戦略
せんりゃく

略　リャク
(11)

略			

詳(くわ)しい説明(せつめい)を省略(しょうりゃく)する　戦略(せんりゃく)
略歴(りゃくれき)を紹介(しょうかい)する　略図(りゃくず)　略式(りゃくしき)

充　あ-てる　ジュウ
(6)

充			

ボーナスを生活費(せいかつひ)に充(あ)てる
充実(じゅうじつ)した生活(せいかつ)を送(おく)る　目(め)が充血(じゅうけつ)する
バッテリーを充電(じゅうでん)する

加　くわ-える　くわ-わる　カ
(5)

加			

新(あたら)しいメンバーを加(くわ)える
地域(ちいき)の活動(かつどう)に加(くわ)わる　注文(ちゅうもん)を追加(ついか)する
大会(たいかい)に参加(さんか)する　参加賞(さんかしょう)

除　のぞ-く　ジョ　ジ
(10)

除			

一人(ひとり)を除(のぞ)いて全員(ぜんいん)が賛成(さんせい)する
不安(ふあん)を除(のぞ)く　メールを削除(さくじょ)する　掃除(そうじ)
△除去(じょきょ)　△排除(はいじょ)

余　あま-る　あま-す　ヨ
(7)

余			

在庫(ざいこ)が余(あま)る　プレゼンの時間(じかん)が余(あま)る
余(あま)り物(もの)　余分(よぶん)なものを買(か)う
△今年(ことし)も余(あま)すところ２日(ふつか)だ　△余暇(よか)

出版
しゅっぱん

片
かた
ヘン
(4)

片面　片側車線　部屋を片付ける
かためん　かたがわしゃせん　へや　かたづ
△片（偏）頭痛
へん　へん　ずつう

裏
うら
リ
(13)

用紙の表と裏を間違える　裏面
ようし　おもて　うら　まちが　うらめん
商店街の裏通り　表と裏がある性格
しょうてんがい　うらどお　おもて　うら　せいかく
△表裏一体
ひょうりいったい

幅
はば
フク
(12)

道幅　幅の広いネクタイ　肩幅
みちはば　はば　ひろ　かたはば
走り幅跳び　幅広い知識をもつ
はし　はばと　はばひろ　ちしき
△全幅の信頼を寄せる
ぜんぷく　しんらい　よ

版
ハン
(8)

本を出版する　重版　改訂版
ほん　しゅっぱん　じゅうはん　かいていばん
永久保存版
えいきゅうほぞんばん

章
ショウ
(11)

文章を書く　第一章　序章
ぶんしょう　か　だいいっしょう　じょしょう
△勲章
くんしょう

会社　復習

【1】漢字の読み方を書いてください。

1. 友人といっしょに株式会社を設立する。
2. 将来のためにいろいろな資格を取りたい。
3. 自分で会社を経営するのが夢だ。
4. 時間短縮のため、大切なポイントだけを伝える。
5. 休日になったら、散らかった机の上を片付ける。
6. 永久保存版の DVD を発売初日に買った。
7. 値段を比べて安いほうを買うようにしている。
8. 会社の運営に失敗して負債を抱えてしまった。
9. かばんの中に財布がない。家に忘れてしまったようだ。
10. 商品を買うときはよく調べて納得したうえで買うとよい。

1	
2	
3	
4	
5	
6	
7	
8	
9	
10	

【2】漢字を書いてください。

1. この仕事をするにははばひろい知識が必要だ。
2. 税金をおさめるのは国民の義務だ。
3. 外国語を話すのがとくいな人を募集する。
4. 多めにおかずを買ったら、あまってしまった。
5. 部長に頼まれて、会議に必要なしりょうを作成した。
6. うらに書かれている注意事項を確認してください。
7. 車同士がぶつかって、ミラーがはそんしてしまった。
8. 仕事に趣味に忙しいが、じゅうじつした毎日を送っている。
9. 健康のために体重を少しへらす必要がある。
10. 携帯電話の料金プランは料金ていがく制がおすすめだ。

1	
2	
3	
4	
5	
6	
7	
8	
9	
10	

5章・6章　アチーブメントテスト

【1】次(つぎ)の文(ぶん)の下線(かせん)をつけた言葉(ことば)の読(よ)み方(かた)を①～④の中(なか)から選(えら)び、番号(ばんごう)を書(か)いてください。

1．新人社員(しんじんしゃいん)は先輩(せんぱい)や上司(じょうし)の指示(しじ)に従って、仕事(しごと)をしたほうがよい。

① したがって　② ならって　③ きそって　④ ついて

2．健康(けんこう)のためにも、生活習慣(せいかつしゅうかん)を改める必要(ひつよう)がある。

① おさめる　② あらためる　③ かねる　④ つとめる

3．1年(ねん)に一回(いっかい)、人口(じんこう)の増減を調(しら)べた結果(けっか)が発表(はっぴょう)される。

① ぞんげん　② ぞうげん　③ そうげん　④ ぞうか

4．都合(つごう)により、本日(ほんじつ)は営業時間(じかん)を1時間(じかん)短縮いたします。

① かくだい　② たんじゅく　③ たんちょう　④ たんしゅく

5．こちらのシャツは男女(だんじょ)兼用のデザインです。

① けんよう　② れんよう　③ けんぎょう　④ げんよう

1		2		3		4		5	

【2】次(つぎ)の文(ぶん)の下線(かせん)をつけた言葉(ことば)の書(か)き方(かた)を①～④の中(なか)から選(えら)び、番号(ばんごう)を書(か)いてください。

1．初(はじ)めてのプレゼンテーションがうまくいって高(たか)いひょうかをもらった。

① 評応　② 評判　③ 価値　④ 評価

2．新(あたら)しい生活(せいかつ)を始(はじ)めたときは、その環境(かんきょう)にてきおうするのが難(むずか)しい。

① 摘応　② 適応　③ 適当　④ 敵性

3．時間(じかん)の関係(かんけい)で、詳(くわ)しい説明(せつめい)はここではしょうりゃくさせていただきます。

① 小略　② 充略　③ 省略　④ 省絡

4．散(ち)らかっている部屋(へや)を早(はや)くかたづけてください。

① 片付けて　② 版付けて　③ 方付けて　④ 形付けて

5．経済状況(けいざいじょうきょう)が変(か)わり、けいきが回復(かいふく)し始(はじ)めてきているようだ。

① 競気　② 景気　③ 営気　④ 財気

1		2		3		4		5	

【3】①～⑳の下線部の漢字または読み方を書いてください。

遠藤先生へ

先生、お元気ですか。私は○○株式会社という食品関係の①きぎょうに②就職しました。
③勤務地は都内です。会社員の生活にもだいぶ④なれてきました。
この会社では、新入社員は⑤一般的に⑥営業の仕事から始めるようです。

営業の仕事では、商品を⑦販売しているお店に行って担当の方と話します。⑧値段が高いと言われたり、商品について質問されたりすることがありますが、商品についての⑨幅広い知識がなければ、お店から⑩信頼してもらえません。

毎日たくさん歩くので、仕事が終わるとぐったり⑪疲れます。体重も少し⑫へってしまったので、もっと体力を⑬養わなければ…と思っています。ときどき、新商品開発のためにアイデアを⑭ていあんしたり、課長に頼まれて会議の⑮しりょうを作ったりすることもあります。

⑯いそがしくて恋人となかなか会えないことを⑰除いて、毎日がとても⑱じゅうじつしています。

今の仕事は大変ですが、ライバルとの⑲競争に勝って、会社からよい評価が⑳得られるようになることを目標にしてがんばります！
先生もお元気で。

4月30日　サミエルより

①	②	③	④
⑤	⑥	⑦	⑧
⑨	⑩	⑪	⑫
⑬	⑭	⑮	⑯
⑰	⑱	⑲	⑳

５章・６章　クイズ

【1】＿＿の言葉の反対の意味の言葉を書いてください。

1．会社の規模を［　　］［　　］する　⇔　会社の規模を縮小する

2．新人を採用する。　⇔　成績不振の社員を［　　］［　　］する。

3．3D テレビを販売する。　⇔　新しいテレビを安く［　　］［　　］した。

4．結婚しない人が［　　］［　　］している。　⇔　子どもの減少が問題になっている。

5．株価が暴落して大きく［　　］をしてしまった。　⇔　福引があたって得をした。

【2】特別な読み方をする＿＿の言葉の読み方を書いてください。

1．北海道へ旅行に行き、きれいな景色（　　　　　　）を写真に撮った。

2．準備は大変だったが、自分で納得（　　　　　　）できる結果が出せた。

3．財布（　　　　　　）がない。どうやら家に忘れてきてしまったらしい。

4．馬を見るのが好きで、休日になると、競馬（　　　　　　）を見に行っている。

【3】□から言葉を選んで、「不」がついてできる言葉を書いてください。

不

（　　　　　）でリストラされる

（　　　　　）通知が届く

（　　　　　）を被る

（　　　　　）な表現

（　　　　　）を買う

（　　　　　）なことは計算です

適切	景気
依存	利益
評	得意
総合	採用

【4】□から漢字を選んで、言葉を作ってください。

1．新しい商品開発のアイデアを考えてみてくれない？

…はい、わかりました。すぐに［　　］［　　］書を作ります。

2. あ、携帯電話のバッテリーがなくなりそう！

…大変！早く［　　］したほうがいいよ。

3. 最近、経済状況が少しずつよくなってきました。

…そうですね。これで［　　］が回復するといいのですが。

4. 部長、人が少ないのに仕事が多すぎて大変です！

…よしわかった。アルバイトの人を［　　］しよう。

5. みなさん、いろいろな意見をありがとうございます。

…意見を［　　］すると賛成ということですね。

企	充	画	電	合	景	集	気	募	総

【5】左の漢字を「同じ送り仮名を使う」グループに分け、漢字と送り仮名を書いてください。

例）新人をメンバーに加＿＿
・残業が増＿＿
・いたずらを企＿＿
・海外での生活に慣＿＿
・上司の機嫌を損＿＿
・パーティーで司会を務＿＿
・社長と会長を兼＿＿
・どちらを買うかＡとＢを比＿＿
・生活環境を改＿＿
・ライバルとの差を一気に縮＿＿
・税金を納＿＿
・仕事で体が疲＿＿
・旅行で京都を訪＿＿
・デパートに勤＿＿
・貯金を生活費に充＿＿

1. ［例）加える］える
2. ［　　　　］ねる
3. ［　　　　］める
4. ［　　　　］てる
5. ［　　　　］べる
6. ［　　　　］れる

7章 ドラマ

サスペンス1

毒
ドク
(8)

毒

体中に毒が回る　毒きのこ　毒薬
からだじゅう　どく　まわ　どく　どくやく
飲みすぎは体に毒だ　アルコール中毒
の　からだ　どく　ちゅうどく
傷口を消毒する
きずぐち　しょうどく

殺
ころ-す
サツ　サイ　セツ
(10)

殺

人を殺す　殺人事件　自殺　殺害
ひと　ころ　さつじんじけん　じさつ　さつがい
仕事に忙殺される　問い合わせが殺到する
しごと　ぼうさつ　と　あ　さっとう
△相殺する
そうさい

責
せ-める
セキ
(11)

責

相手のミスを責める　責任をとる
あいて　せ　せきにん
無責任な人　職責　責務
むせきにん　ひと　しょくせき　せきむ
△上司に叱責される
じょうし　しっせき

逃
に-げる　に-がす
のが-す　のが-れる
トウ
(9)

逃

犯人が逃げた　逃げ足が速い
はんにん　に　に　あし　はや
釣った魚を逃がした　チャンスを逃す
つ　さかな　に　のが
危機一髪で難を逃れた　逃走　逃亡
ききいっぱつ　なん　のが　とうそう　とうぼう

暴
あば-れる　あば-く
ボウ　バク
(15)

暴

酔って暴れる　不正を暴く
よ　あば　ふせい　あば
暴力を振るう　凶暴な犬　暴風雨
ぼうりょく　ふ　きょうぼう　いぬ　ぼうふうう
暴飲暴食　汚職を暴露する
ぼういんぼうしょく　おしょく　ばくろ

恐
おそ-れる　おそ-ろしい
キョウ
(10)

恐

失敗を恐れる　恐ろしい事件
しっぱい　おそ　おそ　じけん
恐れ入りますが　恐縮　恐喝
おそ　い　きょうしゅく　きょうかつ
世界恐慌　恐妻家　恐竜
せかいきょうこう　きょうさいか　きょうりゅう

サスペンス２

緊
キン

(15)

緊			

緊急の用事で呼び出される
きんきゅう　ようじ　よ　だ
緊急事態が発生した
きんきゅうじたい　はっせい
緊迫した状況　各国が緊密に連携する
きんぱく　じょうきょう　かっこく　きんみつ　れんけい

張
は‐る
チョウ

(11)

張			

テントを張る　くもの巣が張る
は　す　は
気を張る　欲張りな人　緊張する
き　は　よくば　ひと　きんちょう
意見を主張する
いけん　しゅちょう

破
やぶ‐れる　やぶ‐る
ハ

(10)

破			

シャツが破れた　手紙を破って捨てた
やぶ　てがみ　やぶ　す
約束を破る　破産した　破壊
やくそく　やぶ　はさん　はかい
ビルを爆破する　書類を破棄する
ばくは　しょるい　はき

割
わ‐れる　わ‐る　わり　さ‐く
カツ

(12)

割			

コップが割れる　窓ガラスを割る
わ　まど　わ
割引　水割り　割り算　割合
わりびき　みずわ　わ　ざん　わりあい
時間を割く　分割払い　割愛する
じかん　さ　ぶんかつばら　かつあい

別
わか‐れる
ベツ

(7)

別			

恋人と別れる　兄とは別の道を進む
こいびと　わか　あに　べつ　みち　すす
別居　差別　性別　年齢別
べっきょ　さべつ　せいべつ　ねんれいべつ
特別　区別　ゴミの分別　夫婦別姓
とくべつ　くべつ　ぶんべつ　ふうふべっせい

離
はな‐れる　はな‐す
リ

(19)

離			

故郷を離れる　子どもから目を離す
ふるさと　はな　こ　め　はな
家族と離れて暮らす　離婚
かぞく　はな　く　りこん
飛行機が離陸する　隔離　分離
ひこうき　りりく　かくり　ぶんり

ロマンス１

印　しるし　イン
(6)

地図(ちず)に印(しるし)をつける　目印(めじるし)になる
米印(こめじるし)　印鑑(いんかん)を押(お)す　押印(おういん)

象　ショウ　ゾウ
(12)

ハトは平和(へいわ)の象徴(しょうちょう)だ　象(ぞう)は鼻(はな)が長(なが)い
印象(いんしょう)に残(のこ)る　抽象的(ちゅうしょうてき)　気象情報(きしょうじょうほう)

与　あた-える　ヨ
(3)

お小遣(こづか)いを与(あた)える　好印象(こういんしょう)を与(あた)える
給与(きゅうよ)をもらう　賞(しょう)を授与(じゅよ)する
事件(じけん)への関与(かんよ)を否定(ひてい)する

齢　レイ
(17)

年齢(ねんれい)をたずねる　年齢制限(ねんれいせいげん)
高齢者(こうれいしゃ)　樹齢(じゅれい)300年(ねん)の大木(たいぼく)

籍　セキ
(20)

結婚式当日(けっこんしきとうじつ)に籍(せき)を入(い)れる
戸籍(こせき)を作(つく)る　本籍地(ほんせきち)
国籍(こくせき)　除籍(じょせき)　書籍(しょせき)

際　きわ　サイ
(14)

国際的(こくさいてき)に有名(ゆうめい)な歌手(かしゅ)
国際結婚(こくさいけっこん)をする　彼女(かのじょ)と交際(こうさい)している
際(きわ)どいプレー　窓際(まどぎわ)の席(せき)　壁際(かべぎわ)

ロマンス２

遊
あそ-ぶ
ユウ　ユ

(12)

遊

子(こ)どもと遊(あそ)ぶ　夜遊(よあそ)びする
遊(あそ)び友達(ともだち)　遊園地(ゆうえんち)　遊学(ゆうがく)する
遊牧民(ゆうぼくみん)　お遊戯(ゆうぎ)

誘
さそ-う
ユウ

(14)

誘

仲間(なかま)を誘(さそ)って出(で)かける　誘(さそ)いを受(う)ける
誘導(ゆうどう)　誘致(ゆうち)　誘惑(ゆうわく)
子(こ)どもが誘拐(ゆうかい)された

勧
すす-める
カン

(13)

勧

入会(にゅうかい)を勧(すす)める　お茶(ちゃ)を勧(すす)める
サークルに勧誘(かんゆう)する　勧告(かんこく)

寄
よ-る　よ-せる
キ

(11)

寄

火(ひ)のそばに寄(よ)る　寄(よ)り道(みち)する　お年寄(としよ)り
体(からだ)を寄(よ)せる　寄港(きこう)する　寄付(きふ)　寄生(きせい)
△寄席(よせ)

迷
まよ-う
メイ

(9)

迷

道(みち)に迷(まよ)う　判断(はんだん)に迷(まよ)う　迷(まよ)いがある
成績(せいせき)が低迷(ていめい)する　迷路(めいろ)　迷信(めいしん)
△迷子(まいご)

占
うらな-う　し-める
セン

(5)

占

相性(あいしょう)を占(うらな)う　星占(ほしうらな)い　占星術(せんせいじゅつ)
人口(じんこう)の五割(ごわり)を占(し)める　独占(どくせん)する
占領(せんりょう)する　占有地(せんゆうち)

ドラマ　復習(ふくしゅう)

【１】漢字(かんじ)の読(よ)み方(かた)を書(か)いてください。

1. テスト前(まえ)はいつも緊張してしまう。
2. 迷子の子(こ)どもを見(み)つけた。
3. 死因(しいん)は毒殺によるものと判明(はんめい)した。
4. 彼(かれ)は会社(かいしゃ)の経営(けいえい)に失敗(しっぱい)し、破産したらしい。
5. 恐ろしさのあまり、体(からだ)が動(うご)かない。
6. 彼女(かのじょ)は自己主張が強(つよ)いタイプの女性(じょせい)だ。
7. 彼(かれ)は事件(じけん)への関与を否定(ひてい)した。
8. お年寄りに席(せき)をゆずる。
9. 幼(おさな)いときに両親(りょうしん)が離婚して祖父母(そふぼ)に育(そだ)てられた。
10. 犯人(はんにん)は捜査(そうさ)の手(て)からは逃れられないだろう。

1	
2	
3	
4	
5	
6	
7	
8	
9	
10	

【２】漢字(かんじ)を書(か)いてください。

1. 結婚(けっこん)には、こくせきなんて関係(かんけい)ない。
2. 自分(じぶん)のせきにんは自分(じぶん)で取(と)るのが大人(おとな)というものだ。
3. あの二人(ふたり)は、最近(さいきん)こうさいを始(はじ)めたらしい。
4. べつの方法(ほうほう)もためしてみよう。
5. 面接(めんせつ)ではだいいちいんしょうも重要(じゅうよう)だ。
6. どんな理由(りゆう)があろうと、ぼうりょくは良(よ)くない。
7. アルコールちゅうどくは特別(とくべつ)な治療(ちりょう)が必要(ひつよう)な病気(びょうき)だ。
8. 女性(じょせい)にねんれいを聞(き)くのは失礼(しつれい)になる。
9. あのスーパーは今日(きょう)から全品(ぜんぴん)わりびきセールをするそうだ。
10. あの店(みせ)のうらないは良(よ)く当(あ)たると評判(ひょうばん)だ。

1	
2	
3	
4	
5	
6	
7	
8	
9	
10	

仲間(なかま)1

周

まわ-り
シュウ

(8)

周			

池(いけ)の周(まわ)りを走(はし)る　一周(いっしゅう)2キロ
駅(えき)の周辺(しゅうへん)を歩(ある)く　三都市周遊旅行(さんとししゅうゆうりょこう)
周知(しゅうち)の事実(じじつ)
△用意周到(よういしゅうとう)

囲

かこ-む　かこ-う
イ

(7)

囲			

テーブルを囲(かこ)んで座(すわ)る
家(いえ)の周(まわ)りを垣根(かきね)で囲(かこ)う　包囲(ほうい)する
周囲(しゅうい)　胸囲(きょうい)　胴囲(どうい)　範囲(はんい)が広(ひろ)い　囲碁(いご)

協

キョウ

(8)

協			

リーダーに協力(きょうりょく)する　協賛(きょうさん)　協会(きょうかい)
産学協同(さんがくきょうどう)　協定(きょうてい)を結(むす)ぶ　妥協(だきょう)する

互

たが-い
ゴ

(4)

互			

お互(たが)いに歩(あゆ)み寄(よ)る　互(たが)いの連絡先(れんらくさき)
ソフトの互換性(ごかんせい)　交互(こうご)に発言(はつげん)する
相互理解(そうごりかい)　互角(ごかく)の戦(たたか)い

共

とも
キョウ

(6)

共			

共(とも)に生(い)きる　苦楽(くらく)を共(とも)にする
二人共合格(ふたりともごうかく)した　共働(ともばたら)き　私共(わたくしども)
共同(きょうどう)　共感(きょうかん)　公共(こうきょう)　共通(きょうつう)の友人(ゆうじん)

我

われ　わ
ガ

(7)

我			

我々(われわれ)　我(わ)が国(くに)　自我(じが)が芽生(めば)える
我(が)が強(つよ)い　我(が)を通(とお)す

仲間(なかま)２

皆

みな
カイ

(9)

皆様(みなさま)　皆(みな)さん　皆勤賞(かいきんしょう)をもらう
免許皆伝(めんきょかいでん)　皆無(かいむ)
△皆(みんな)

緒

お
ショ　チョ

(14)

へその緒(お)　堪忍袋(かんにんぶくろ)の緒(お)が切(き)れる
一緒(いっしょ)に行(い)く　内緒(ないしょ)にする　由緒(ゆいしょ)ある家柄(いえがら)
情緒豊(じょうちょゆた)かな城下町(じょうかまち)　情緒不安定(じょうちょふあんてい)

援

エン

(12)

チームを応援(おうえん)する　応援団(おうえんだん)
後援会(こうえんかい)　援助(えんじょ)　救援物資(きゅうえんぶっし)

精

セイ　ショウ

(14)

強(つよ)い精神(せいしん)を持(も)つ　精力的(せいりょくてき)に活動(かつどう)する
精一杯(せいいっぱい)がんばる　精密機器(せいみつきき)
精進(しょうじん)する　無精(ぶしょう)ひげ

抱

だ-く　かか-える　いだ-く
ホウ

(8)

子(こ)どもを抱(だ)いた母親(ははおや)　抱(だ)きしめる
花束(はなたば)を抱(かか)える　疑問(ぎもん)を抱(いだ)く
抱負(ほうふ)を述(の)べる　病人(びょうにん)を介抱(かいほう)する　辛抱(しんぼう)

氏

うじ
シ

(4)

氏名(しめい)を書(か)く　鈴木氏(すずきし)　両氏(りょうし)
氏(うじ)より育(そだ)ち
△源氏物語(げんじものがたり)

敬語 1
けいご

尊
とうと - ぶ　たっと - ぶ
とうと - い　たっと - い
ソン
(12)

尊

祖先を尊ぶ　人の命は尊いものだ
そせん　とうと　ひと　いのち　とうと
プライバシーを尊重する
そんちょう
人間の尊厳　自尊心
にんげん　そんげん　じそんしん

敬
うやま - う
ケイ
(12)

敬

目上の人を敬う　尊敬する　敬語
めうえ　ひと　うやま　そんけい　けいご
敬老の日　敬具
けいろう　ひ　けいぐ

申
もう - す
シン
(5)

申

増田と申します　ご挨拶申し上げます
ますだ　もう　あいさつもう　あ
申し込む　申込書　申請　申告
もう　こ　もうしこみしょ　しんせい　しんこく

参
まい - る
サン
(8)

参

中国から参りました　墓参り
ちゅうごく　まい　はかまい
行事に参加する　参考にする
ぎょうじ　さんか　さんこう
資料を参照する
しりょう　さんしょう

致
いた - す
チ
(10)

致

お願い致します　意見が一致する
ねが　いた　いけん　いっち
傷害致死事件　致命的なミス
しょうがいちしじけん　ちめいてき

御
おん
ギョ　ゴ
(12)

御

御社　株式会社アークアカデミー御中
おんしゃ　かぶしきがいしゃ　おんちゅう
御礼　御案内　御飯
おれい　ごあんない　ごはん
機械を制御する　防御
きかい　せいぎょ　ぼうぎょ

人間関係（にんげんかんけい） ー1　復習（ふくしゅう）

【1】漢字（かんじ）の読（よ）み方（かた）を書（か）いてください。

1. 先生（せんせい）を囲んで、学生時代（がくせいじだい）の思（おも）い出（で）を語（かた）り合（あ）った。
2. 自分（じぶん）としては精いっぱい努力（どりょく）したつもりです。
3. 私（わたし）は昨年末（さくねんまつ）にドイツのフランクフルトから参りました。
4. 両親（りょうしん）を心（こころ）から尊敬している。
5. 母親（ははおや）は帰国（きこく）した息子（むすこ）を両手（りょうて）で抱きしめた。
6. はじめまして、田中一郎（たなかいちろう）と申します。
7. 小林一郎（こばやしいちろう）氏の発言（はつげん）は特（とく）に印象（いんしょう）に残（のこ）っている。
8. 父（ちち）は地元（じもと）の野球（やきゅう）チームを応援している。
9. 二人（ふたり）は共通の知人（ちじん）を通（とお）して知（し）り合（あ）った。
10. 皆様、こちらにお集（あつ）まりください。

1	
2	
3	
4	
5	
6	
7	
8	
9	
10	

【2】漢字（かんじ）を書（か）いてください。

1. ごかぞくによろしくお伝（つた）えください。
2. 戦争（せんそう）により、またとうとい命（いのち）が奪（うば）われた。
3. 最近（さいきん）はけいごを正（ただ）しく使（つか）えない若者（わかもの）が増（ふ）えている。
4. 子（こ）ども時代（じだい）は、幼（おさな）なじみといっしょによく遊（あそ）んだものだ。
5. おたがいの国（くに）の文化（ぶんか）や社会（しゃかい）を理解（りかい）すべきだ。
6. 結婚後（けっこんご）もしばらくは、ともばたらきのつもりだ。
7. 仲間同士（なかまどうし）、きょうりょくすれば、きっとうまくいく。
8. 忘年会（ぼうねんかい）は全員（ぜんいん）さんかでお願（ねが）いします。
9. 彼（かれ）らはしゅういの反対（はんたい）を押（お）し切（き）って結婚（けっこん）した。
10. 今後（こんご）ともどうぞよろしくお願（ねが）いいたします。

1	
2	
3	
4	
5	
6	
7	
8	
9	
10	

７章・８章　アチーブメントテスト

【1】次の文の下線をつけた言葉の読み方を①～④の中から選び、番号を書いてください。

1．目上の人を敬うべきだ。

①　やしなう　　②　うやまう　　③　したがう　　④　さそう

2．荷物を入れすぎて、今にもふくろの底が破れそうだ。

①　やぶれ　　②　われ　　③　きれ　　④　よごれ

3．どんな問題も暴力ではなく、話し合いで解決すべきだ。

①　ほうりょく　　②　ばくりき　　③　ぼうりょく　　④　ぼうりき

4．誰でも心の中に少しの不安を抱いているものだ。

①　だいて　　②　いだいて　　③　くだいて　　④　かいて

5．子どものとき、両親と離れて生活していた。

①　わかれて　　②　はずれて　　③　かこまれて　　④　はなれて

1		2		3		4		5	

【2】次の文の下線をつけた言葉の書き方を①～④の中から選び、番号を書いてください。

1．知らない町で道にまよった。

①　乱った　　②　逃った　　③　迷った　　④　寄った

2．職場の先輩に食事にさそわれた。

①　勧われた　　②　誘われた　　③　寄われた　　④　援われた

3．皆さんのきょうりょくがあったから、最後までがんばることができました。

①　与力　　②　共力　　③　互力　　④　協力

4．そんけいする人は父です。

①　尊重　　②　尊敬　　③　敬尊　　④　尊致

5．開会のあいさつを会長の田中太郎しにお願いします。

①　殿　　②　市　　③　士　　④　氏

1		2		3		4		5	

【3】①～⑳の下線部の漢字または読み方を書いてください。

人との出会いは、さまざまである。特に結婚にはそれぞれのドラマがあるだろう。

日本では就活（就職活動）にならって、「婚活」という言葉が生まれた。晩婚化が進み、結婚の平均①年齢は上昇している一方、非婚も増えている。自由な生活か？仕事は？②共働きか？子どもは？生き方に③まよう人も多い。初対面で④好印象を⑤あたえるための講座を受ける男性が増えているそうだ。結婚前に相手との相性を⑥占ったり身辺調査をしたりする女性もいるという。

結婚までの⑦こうさい期間は平均して半年から３年、そして婚約、⑧入籍、結婚という流れが一般的だ。親戚や知人に相手を⑨勧められて結婚する人もいる。また、⑩こくさい結婚も増えている。国籍や文化の違いがあっても、⑪おたがいを思いやり、相手の文化を⑫尊重する気持ちがあれば、⑬いっしょにやっていけるのだろう。家族や親戚など⑭周囲の⑮きょうりょくや⑯おうえんがあれば、更に心強いはずだ。

しかし一方で、⑰離婚率も上昇しており、昨年は⑱さんわりを超えた。結婚後に相手の暴力に悩んで、⑲精神的に追いつめられて⑳わかれてしまうケースもあるという。

日本には「共に白髪の生えるまで・・・」という古い歌がある。縁あって出会った二人には最後まで寄りそって生きてほしいものだ。

①	②	③	④
⑤	⑥	⑦	⑧
⑨	⑩	⑪	⑫
⑬	⑭	⑮	⑯
⑰	⑱	⑲	⑳

７章・８章　クイズ

【1】□から漢字を選び、熟語を作ってください。（　）に読み方も書いてください。

1．大学では新入生をサークルに □誘 する。　（　　　　）

2．面接では誰でも 緊□ するものだ。　（　　　　）

3．台風が近づいています。気□ 情報に注意してください。　（　　　　）

4．好きな野球チームを 応□ している。　（　　　　）

5．オリンピックを東京に 誘□ したい。　（　　　　）

6．私の高校は男女 □学 だった。　（　　　　）

共	供	援	緩	象	像	張	帳	勧	観	致	倒

【2】下の意味になる熟語を、漢字１字を入れて作ってください。

1．人の命をうばうこと …… □人

2．たたいたり、けったりすること …… □力

3．結婚した夫婦が別れること …… □婚

4．人とつきあうこと …… 交□

5．お金が全部なくなること …… □産

6．お酒を飲まないではいられない病気のこと ……アルコール 中□

【3】□から言葉を選んで、「御」がつく言葉と読み方を書いてください。

例）（ 御　校 ）→「　おんこう　」

例）（ 御家族 ）→「　ごかぞく　」

御

（　　　　）→「　　　　」

（　　　　）→「　　　　」

（　　　　）→「　　　　」

（　　　　）→「　　　　」

（　　　　）→「　　　　」

~~家族~~	~~学校~~
会社	意見
祝い	先生
礼	案内

【4】（　　）の中にカタカナの読み方をする漢字を書いてください。

1．ユウ
- ①子どもを（　　　）園地に連れて行く。
- ②犯人はこどもを（　　　）拐し、身代金を要求してきた。

2．キョウ
- ①駅や公園などの公（　　　）の場ではマナーを守ることが大切だ。
- ②クラス全員が（　　　）力して運動会の準備をしている。

3．ショウ
- ①卒業式に先生が涙を流したことがとても印（　　　）に残っている。
- ②これからも努力を続けて（　　　）進します。

4．セキ
- ①頼まれた仕事は最後まで（　　　）任を持ってやるべきだ。
- ②日本人と結婚して日本国（　　　）を取得する人もいる。

【5】次の送りがなの動詞になる漢字を右から選んで書いてください。１つの漢字が２つの読み方をする場合もあります。

1．殺す　　　　　　す

2．割れる　　　　　れる

3．割る　　　　　　る

4．勧める　　　　　める

5．遊ぶ　　　　　　ぶ

6．迷う　　　　　　う

申		致
参	寄	~~殺~~
張	破	~~割~~
~~勧~~		責
~~遊~~	尊	~~迷~~
恐		囲
離	占	暴

砂浜
すなはま

湾
ワン

(12)

湾

東京湾　フェリーが湾内に入った
とうきょうわん　わんない　はい

湾岸道路　港湾都市　湾曲する
わんがんどうろ　こうわんとし　わんきょく

沖
おき
チュウ

(7)

沖

沖に出る　沖でボートが沈んだ
おき　で　おき　しず

沖合漁業　沖縄県
おきあいぎょぎょう　おきなわけん

浜
はま
ヒン

(10)

浜

浜辺で貝を拾う　砂浜で遊ぶ
はまべ　かい　ひろ　すなはま　あそ

横浜市　お台場海浜公園
よこはまし　だいばかいひんこうえん

△京浜
けいひん

江
え
コウ

(6)

江

入り江にボートを泊める
い　え　と

江戸時代　長江
えどじだい　ちょうこう

層
ソウ

(14)

層

地層　断層を調べる　選手の層が厚い
ちそう　だんそう　しら　せんしゅ　そう　あつ

階層　高層ビル
かいそう　こうそう

△寒さが一層厳しくなる
さむ　いっそうきび

砂
すな
サ　シャ

(9)

砂

砂場で遊ぶ　目に砂が入った
すなば　あそ　め　すな　はい

砂浜　砂漠　砂丘　砂糖　土砂崩れ
すなはま　さばく　さきゅう　さとう　どしゃくず

△砂嵐
すなあらし

水１
みず

泉
いずみ
セン
(9)

泉

泉が湧き出る　温泉に入る
いずみ　わ　で　おんせん　はい
温泉旅館
おんせんりょかん

源
みなもと
ゲン
(13)

源

この川の源は山中湖だ　語源を調べる
かわ　みなもと　やまなかこ　ごげん　しら
天然資源　震源地　水源　人類の起源
てんねんしげん　しんげんち　すいげん　じんるい　きげん
△源泉徴収
げんせんちょうしゅう

浮
う-く　う-かれる
う-かぶ　う-かべる
フ
(10)

浮

体が宙に浮く　太平洋に浮かぶ島々
からだ　ちゅう　う　たいへいよう　う　しまじま
目に涙を浮かべる　浮かれた気分
め　なみだ　う　う　きぶん
首位に浮上する
しゅい　ふじょう
△浮世絵
うきよえ

沈
しず-む　しず-める
チン
(7)

沈

日が沈む　漁船が海に沈んだ
ひ　しず　ぎょせん　うみ　しず
沈んだ声　湯船に体を沈める
しず　こえ　ゆぶね　からだ　しず
船が沈没した　沈黙する
ふね　ちんぼつ　ちんもく

井
い
セイ　ショウ
(4)

井

井戸　井戸水をくむ
いど　いどみず
天井を見上げる　天井画
てんじょう　みあ　てんじょうが
△市井
しせい

沢
さわ
タク
(7)

沢

沢を登る　沢登り
さわ　のぼ　さわのぼ
光沢のある紙　潤沢な資金
こうたく　かみ　じゅんたく　しきん
△贅沢な生活
ぜいたく　せいかつ

地球（ちきゅう）

宇　ウ
(6)

宇宙（うちゅう）

宙　チュウ
(8)

宇宙開発（うちゅうかいはつ）　宇宙飛行士（うちゅうひこうし）　宙返り（ちゅうがえ）
ほこりが宙（ちゅう）に舞（ま）う　計画（けいかく）が宙（ちゅう）に浮（う）く

環　カン
(17)

環状道路（かんじょうどうろ）　循環（じゅんかん）

境　さかい　キョウ　ケイ
(14)

東京（とうきょう）は四（よっ）つの県（けん）と境（さかい）を接（せっ）する
生死（せいし）の境（さかい）　環境（かんきょう）　国境（こっきょう）　境界（きょうかい）
△寺（てら）の境内（けいだい）

極　きわ-める　きわ-まる　きわ-み　キョク　ゴク
(12)

困難（こんなん）を極（きわ）める　感極（かんきわ）まる　無礼（ぶれい）の極（きわ）み
極（きわ）めて遺憾（いかん）　南極（なんきょく）　極端（きょくたん）　極楽（ごくらく）
△究極（きゅうきょく）

昇　のぼ-る　ショウ
(8)

日（ひ）が昇（のぼ）る　気温（きおん）が上昇（じょうしょう）する
課長（かちょう）に昇進（しょうしん）する　昇給（しょうきゅう）　昇格（しょうかく）

災害(さいがい) 1

災
わざわ-い
サイ
(7)

災			

火災(かさい)が起(お)きた　災難(さいなん)に遭(あ)う
被災者(ひさいしゃ)　天災(てんさい)

害
ガイ
(10)

害			

たばこは体(からだ)に害(がい)がある　被害(ひがい)を受(う)ける
災害(さいがい)に遭(あ)う　損害(そんがい)を与(あた)える　公害(こうがい)
△弊害(へいがい)

震
ふる-える　ふる-う
シン
(15)

震			

寒(さむ)さで震(ふる)える　足(あし)の震(ふる)えがとまらない
地震(じしん)　震度(しんど)　震災(しんさい)　震源地(しんげんち)

防
ふせ-ぐ
ボウ
(7)

防			

敵(てき)の攻撃(こうげき)を防(ふせ)ぐ　防災(ぼうさい)
事故(じこ)の発生(はっせい)を防止(ぼうし)する　防犯(ぼうはん)ベル
予防注射(よぼうちゅうしゃ)　消防署(しょうぼうしょ)　堤防(ていぼう)

影
かげ
エイ
(15)

影			

人(ひと)の影(かげ)が映(うつ)る　人影(ひとかげ)がない
影(かげ)が薄(うす)い　面影(おもかげ)がある　ドラマの撮影(さつえい)
△陰影(いんえい)

響
ひび-く
キョウ
(20)

響			

ホールに音(おと)が響(ひび)く　心(こころ)に響(ひび)く音楽(おんがく)
影響(えいきょう)を受(う)ける　海外(かいがい)で反響(はんきょう)を呼(よ)ぶ
音響(おんきょう)

自然(しぜん) －１　復習(ふくしゅう)

【１】漢字(かんじ)の読(よ)み方(かた)を書(か)いてください。

1. フェリーが湾内に入(はい)ってきた。
2. 船(ふね)で沖に出(で)て、釣(つ)りをする。
3. 友(とも)だちと砂浜でバーベキューをする。
4. 井戸水でスイカを冷(ひ)やす。
5. 週末(しゅうまつ)は仲間(なかま)と沢登りをして楽(たの)しんでいる。
6. 震源地は岩手県(いわてけん)の沖合(おきあい)だそうだ。
7. さまざまなところで環境破壊(はかい)が進(すす)んでいる。
8. 地球全体(ちきゅうぜんたい)の気温(きおん)が上昇している。
9. 夢(ゆめ)は宇宙飛行士(ひこうし)になることだ。
10. インフルエンザの予防注射(ちゅうしゃ)をした。

1	
2	
3	
4	
5	
6	
7	
8	
9	
10	

【２】漢字(かんじ)を書(か)いてください。

1. 入(い)りえに白(しろ)いボートが泊(と)めてある。
2. 海(うみ)の近(ちか)くのこうそうマンションに住(す)んでいる。
3. 森(もり)の奥(おく)にきれいないずみがある。
4. 彼女(かのじょ)は目(め)に涙(なみだ)をうかべている。
5. ９月(がつ)になって、日(ひ)がしずむのが早(はや)くなってきた。
6. なんきょくにオーロラを見(み)に行(い)く。
7. たばこの火(ひ)が原因(げんいん)でかさいが起(お)きた。
8. お酒(さけ)を飲(の)みすぎると、健康(けんこう)にがいがある。
9. 寒(さむ)さで、手足(てあし)がふるえている。
10. 台風(たいふう)のえいきょうで電車(でんしゃ)が止(と)まっている。

1	
2	
3	
4	
5	
6	
7	
8	
9	
10	

10章 社会ー1
しゃかい

教育1
きょういく

講　コウ
(17)

講

大学講師　無料講座を受講する
だいがくこうし　むりょうこうざ　じゅこう
文献講読　講演を聞く
ぶんけんこうどく　こうえん　き
対策を講じる
たいさく　こう

義　ギ
(13)

義

大学の講義　納税の義務
だいがく　こうぎ　のうぜい　ぎむ
義理の兄　正義の味方　定義
ぎり　あに　せいぎ　みかた　ていぎ

導　みちび-く　ドウ
(15)

導

商談を成功に導く　生徒指導
しょうだん　せいこう　みちび　せいとしどう
青少年を補導する　盲導犬の育成
せいしょうねん　ほどう　もうどうけん　いくせい
最新システムを導入する
さいしん　どうにゅう

専　もっぱ-ら　セン
(9)

専

専門分野　専攻科目
せんもんぶんや　せんこうかもく
女性専用車両　育児に専念する
じょせいせんようしゃりょう　いくじ　せんねん
休日は専らジムに通っている
きゅうじつ　もっぱ　かよ

限　かぎ-る　ゲン
(9)

限

人数を限る　子供に限り入場無料
にんずう　かぎ　こども　かぎ　にゅうじょうむりょう
一時限目の授業　体力の限界を超える
いちじげんめ　じゅぎょう　たいりょく　げんかい　こ
最低限　入場制限　権限
さいていげん　にゅうじょうせいげん　けんげん

修　おさ-まる　おさ-める　シュウ　シュ
(10)

修

学問を修める　修了証書
がくもん　おさ　しゅうりょうしょうしょ
修士論文　修学旅行　靴の修理
しゅうしろんぶん　しゅうがくりょこう　くつ　しゅうり
△修行　△素行が修まる
しゅぎょう　そこう　おさ

教育(きょういく)2

述　の-べる　ジュツ
(8)

述

感想(かんそう)を述(の)べる　記述試験(きじゅつしけん)
主語(しゅご)と述語(じゅつご)　国会(こっかい)の意見陳述(いけんちんじゅつ)

将　ショウ
(10)

将

チームの主将(しゅしょう)　将軍(しょうぐん)　将来(しょうらい)の目標(もくひょう)
戦国武将(せんごくぶしょう)　王将(おうしょう)
△将棋(しょうぎ)

博　ハク　バク
(12)

博

博物館(はくぶつかん)　博士号(はかせごう)を取得(しゅとく)する
医学博士(いがくはかせ)　博学(はくがく)　博愛(はくあい)の精神(せいしん)
△賭博(とばく)　△博多(はかた)

策　サク
(12)

策

政策(せいさく)を立(た)てる　対策(たいさく)　方策(ほうさく)を練(ね)る
画策(かくさく)する　国策(こくさく)　策略(さくりゃく)をめぐらす

詩　シ
(13)

詩

詩(し)を作(つく)る　詩人(しじん)　詩集(ししゅう)　漢詩(かんし)
△夏(なつ)の風物詩(ふうぶつし)　△詩歌(しいか)

基　もと　もとい　キ
(11)

基

事実(じじつ)に基(もと)づいた話(はなし)　基礎固(きそがた)め　基盤(きばん)
基金(ききん)を運用(うんよう)する　基本的人権(きほんてきじんけん)　軍事基地(ぐんじきち)
採点基準(さいてんきじゅん)
△国(くに)の基(もとい)を定(さだ)める

法律
ほうりつ

条　ジョウ
(7)

条件を提示する　条約を結ぶ
じょうけん　ていじ　じょうやく　むす
民法第一条　信条　箇条書き
みんぽうだいいちじょう　しんじょう　かじょうが

令　レイ
(5)

命令に従う　指令
めいれい　したが　しれい
号令をかける　社長の令嬢
ごうれい　しゃちょうれいじょう

司　シ
(5)

司会　上司　司書
しかい　じょうし　ししょ
△立法・司法・行政　△宮司
りっぽう　しほう　ぎょうせい　ぐうじ
△重要な役目を司る
じゅうよう　やくめ　つかさど

制　セイ
(8)

条約を制定する　発言を制止する
じょうやく　せいてい　はつげん　せいし
参加を強制する　制度　制服
さんか　きょうせい　せいど　せいふく
交通規制　節制を心がける
こうつうきせい　せっせい　こころ

省　はぶ - く　かえり - みる　ショウ　セイ
(9)

手間を省く　自分の行動を省みる
てま　はぶ　じぶん　こうどう　かえり
省略　過ちを反省する　内省
しょうりゃく　あやま　はんせい　ないせい
文部科学省　故郷に帰省する
もんぶかがくしょう　ふるさと　きせい

庁　チョウ
(5)

中央省庁　官公庁　東京都庁
ちゅうおうしょうちょう　かんこうちょう　とうきょうとちょう
県庁所在地　合同庁舎
けんちょうしょざいち　ごうどうちょうしゃ

警察
けいさつ

警　ケイ
(19)

警			

警官　警告　警備を強化する
けいかん　けいこく　けいび　きょうか

警戒　大雨洪水警報　自警団
けいかい　おおあめこうずいけいほう　じけいだん

察　サツ
(14)

察			

花の観察　警察
はな　かんさつ　けいさつ

病院で診察を受ける
びょういん　しんさつ　う

気持ちを察する　考察
きも　さっ　こうさつ

署　ショ
(13)

署			

警察署の署長　消防署　税務署
けいさつしょ　しょちょう　しょうぼうしょ　ぜいむしょ

署員　部署　書類に署名する
しょいん　ぶしょ　しょるい　しょめい

△自署
じしょ

捕　つか-まる　つか-まえる　と-らわれる　と-る　と-らえる　ホ
(10)

捕			

虫を捕まえる　ボールを捕る
むし　つか　と

犯人を逮捕する　鹿を捕獲する
はんにん　たいほ　しか　ほかく

若者の心を捕らえる
わかもの　こころ　と

訓　クン
(10)

訓			

警察犬の訓練　防災訓練を行う
けいさつけん　くんれん　ぼうさいくんれん　おこな

震災の教訓を伝える
しんさい　きょうくん　つた

わが家に伝わる家訓　音読みと訓読み
や　つた　かくん　おんよ　くんよ

乱　みだ-れる　みだ-す　ラン
(7)

乱			

風で髪が乱れる　列を乱す　反乱
かぜ　かみ　みだ　れつ　みだ　はんらん

内乱が起こる　頭が混乱する
ないらん　お　あたま　こんらん

乱暴な人　職権乱用
らんぼう　ひと　しょっけんらんよう

政治 1
せいじ

党　トウ
(10)

党

政党の党首　入党　与党と野党
せいとう　とうしゅ　にゅうとう　よとう　やとう
意見の対立で離党する　悪党
いけん　たいりつ　りとう　あくとう

民　たみ　ミン
(5)

民

民の意見　民主主義　国民　市民
たみ　いけん　みんしゅしゅぎ　こくみん　しみん
住民　難民　移民　民意を反映する
じゅうみん　なんみん　いみん　みんい　はんえい
民間企業　民話
みんかんきぎょう　みんわ

挙　あ-がる　あ-げる　キョ
(10)

挙

例を挙げる　式を挙げる
れい　あ　しき　あ
犯人が挙がる　選挙　挙手
はんにん　あ　せんきょ　きょしゅ
教会で挙式する　前例のない快挙
きょうかい　きょしき　ぜんれい　かいきょ

委　ゆだ-ねる　イ
(8)

委

運営を委ねる　交渉を委任する
うんえい　ゆだ　こうしょう　いにん
委員を選ぶ　業務委託
いいん　えら　ぎょうむいたく
教育委員会
きょういくいいんかい

権　ケン　ゴン
(15)

権

権利を主張する　参政権　選挙権
けんり　しゅちょう　さんせいけん　せんきょけん
権力者　物理学の権威　政権交代
けんりょくしゃ　ぶつりがく　けんい　せいけんこうたい
△悪の権化
あく　ごんげ

票　ヒョウ
(11)

票

票を獲得する　選挙で投票する
ひょう　かくとく　せんきょ　とうひょう
一票の差　伝票に記入する
いっぴょう　さ　でんぴょう　きにゅう

攻撃
こうげき

攻
せ-める
コウ

(7)

攻

隣国を攻める　速攻
りんごく　せ　そっこう
ドイツ語を専攻する
ご　せんこう
攻守を交替する　攻略本
こうしゅ　こうたい　こうりゃくぼん

撃
う-つ
ゲキ

(15)

撃

ピストルを撃つ　敵を攻撃する
う　てき　こうげき
突撃　台風が直撃する
とつげき　たいふう　ちょくげき

爆
バク

(19)

爆

爆弾が爆発する　原子爆弾
ばくだん　ばくはつ　げんしばくだん
爆破　軍事施設を爆撃する
ばくは　ぐんじしせつ　ばくげき
友人の話にみんなが爆笑した
ゆうじん　はなし　ばくしょう

討
う-つ
トウ

(10)

討

敵を討つ　討伐　討論を行う
てき　う　とうばつ　とうろん　おこな
問題点を検討する　討議を重ねる
もんだいてん　けんとう　とうぎ　かさ

射
い-る
シャ

(10)

射

矢で的を射る　ミサイルを発射する
や　まと　い　はっしゃ
射殺　光が反射する　注射
しゃさつ　ひかり　はんしゃ　ちゅうしゃ
的を射た意見
まと　い　いけん

武
ブ　ム

(8)

武

武力を行使する　武器を調達する
ぶりょく　こうし　ぶき　ちょうたつ
武士　兵士が武装する　文武両道
ぶし　へいし　ぶそう　ぶんぶりょうどう
△武者修行
むしゃしゅぎょう

社会(しゃかい)－1　復習(ふくしゅう)

【1】漢字(かんじ)の読(よ)み方(かた)を書(か)いてください。

1. 税金(ぜいきん)を納(おさ)めるのは国民(こくみん)の義務だ。
2. 結婚式(けっこんしき)の司会を頼(たの)まれた。
3. 忘年会(ぼうねんかい)への出席(しゅっせき)を強制された。
4. 大学(だいがく)ではフランス文学(ぶんがく)を専攻していた。
5. 彼(かれ)の努力(どりょく)がそのプロジェクトを成功(せいこう)に導いた。
6. 意見(いけん)の対立(たいりつ)から離党者(しゃ)が何名(なんめい)も出(で)た。
7. 動物園(どうぶつえん)から逃(に)げたサルを市(し)の職員(しょくいん)が捕獲した。
8. 記述試験(しけん)とレポートで成績(せいせき)が決(き)まる。
9. 帰省ラッシュの渋滞(じゅうたい)に巻(ま)き込(こ)まれた。
10. 採用(さいよう)条件に合(あ)った人(ひと)がなかなか見(み)つからない。

1	
2	
3	
4	
5	
6	
7	
8	
9	
10	

【2】漢字(かんじ)を書(か)いてください。

1. 今月末(こんげつまつ)までに、しゅうし論文(ろんぶん)を書(か)き上(あ)げなければならない。
2. ３年(ねん)ぶりに参議院(さんぎいん)せんきょが行(おこな)われる。
3. 東京(とうきょう)とちょうの最上階(さいじょうかい)は土日(どにち)も一般公開(いっぱんこうかい)されている。
4. じょうしに怒(おこ)られた後輩(こうはい)をなぐさめた。
5. 来月(らいげつ)の試験(しけん)のたいさくを練(ね)った。
6. 隣国(りんごく)でないらんが起(お)こった。
7. 混雑時(こんざつじ)は、安全(あんぜん)のため入場(にゅうじょう)をせいげんする場合(ばあい)もある。
8. 市民(しみん)マラソン大会(たいかい)の運営(うんえい)いいんをすることになった。
9. 父(ちち)にあこがれて、私(わたし)も兄(あに)もけいさつかんになった。
10. 大地震(おおじしん)のきょうくんを元(もと)に、防災(ぼうさい)グッズを備(そな)える。

1	
2	
3	
4	
5	
6	
7	
8	
9	
10	

９章・10章　アチーブメントテスト

【1】次の文の下線をつけた言葉の読み方を①～④の中から選び、番号を書いてください。

1．環境問題に対する企業の取り組みについて調査した。

①　かんぎょう　②　かんきゅう　③　かんきょう　④　がんきょう

2．地球温暖化を防ぐために、さまざまな対策が立てられている。

①　いそぐ　②　ふせぐ　③　ふさぐ　④　しのぐ

3．地震による被災者の救出は困難を極めた。

①　きめた　②　かためた　③　きわめた　④　あきらめた

4．子どものころ、近くの林で友だちとよく虫を捕まえて遊んだものだ。

①　つかまえて　②　ほまえて　③　つがまえて　④　ふまえて

5．市の条令が改正された。

①　しれい　②　じょうれい　③　めいれい　④　ごうれい

1		2		3		4		5	

【2】次の文の下線をつけた言葉の書き方を①～④の中から選び、番号を書いてください。

1．日本人の書いた小説が海外で多くのはんきょうを呼んでいる。

①　批評　②　影響　③　評判　④　反響

2．天然しげんに乏しい日本は石油や食料の多くを海外から輸入している。

①　資質　②　資原　③　資源　④　資料

3．彼は自分のけんりばかりを主張して、義務を果たしていない。

①　権利　②　原理　③　権理　④　原利

4．ゼミでお世話になった教授のこうえんを聞きに行った。

①　公演　②　講演　③　後援　④　好演

5．新聞に各党のせいさくの違いが書かれていたので、時間をかけて読んだ。

①　制作　②　製作　③　政策　④　制策

1		2		3		4		5	

【3】①～⑳の下線部の漢字または読み方を書いてください。

私は高校生のとき、市民①講座を受けたことがきっかけで環境問題に関心を持ち、大学では環境学を②せんこうした。

ゼミでは環境教育について学び、卒業論文をまとめた。論文を作成するのはとても大変だったが、提出したときはこれまでの苦労が思い起こされ、③感極まって涙が出た。最後まで④導いてくださった教授には本当に感謝している。

⑤しょうらいは、環境に関する仕事に就きたいと思っている。

台風10号の⑥影響による被害が拡大している。政府は⑦さいがい対策本部を設置して、情報の収集に努めている。衛星が撮影した画像によると、県内三カ所で⑧土砂崩れが発生しているようだ。

⑨気象庁の発表では、川の水位が⑩じょうしょうしており、今後も強い雨が続くため、さらに注意が必要だという。⑪警察や⑫消防は警戒を強め、交通⑬きせいを始めたが、町は⑭こんらん状態のようだ。

来週の日曜日に行われる選挙を前に、⑮党首たちは⑯こくみんの支持を得ようと全国を回っている。テレビでも毎日のように⑰討論が行われ、候補者たちがさまざまな意見を⑱のべている。私には⑲選挙権はまだないが、二十歳になったら必ず⑳とうひょうに行こうと思っている。

①	②	③	④
⑤	⑥	⑦	⑧
⑨	⑩	⑪	⑫
⑬	⑭	⑮	⑯
⑰	⑱	⑲	⑳

9章・10章　クイズ

【1】 □から漢字を選び、熟語を作ってください。（　）に読み方も書いてください。

1. 疲れたので、[温][　]に入って体を休めたい。　（　　　　　）
2. 応援しているチームがついに首位に[　][上]した　（　　　　　）
3. 学校で[　][災]訓練を行った。　（　　　　　）
4. 首相が欧米諸国との[　][約]に署名をした。　（　　　　　）
5. [　][集]を買って毎日読んでいる。　（　　　　　）
6. 工場で[　][発]事故があり、住民が避難した。　（　　　　　）

泉　妨　防　浮　負　詩　誌　暴　爆　条

【2】 下の意味になる熟語を、漢字１字を入れて作ってください。

1. 単語のもとのかたちや意味のこと ………………………… [語][　]
2. 職場での役職があがること ………………………… [　][進]
3. 国民が必ずしなければならないこと ………………………… [　][務]
4. 政治上の方針を実行する方法 ………………………… [政][　]
5. 学校や会社が定めた服のこと ………………………… [　][服]
6. 自分がしたことに悪いところがなかったか、ふり返ること ………… [反][　]

【3】□にあてはまる漢字を下の□から選んで書いてください。

1.

　　宮
上　□　会
　　法

2.

　　強
規　□　定
　　服

3.

　　反
混　□　用
　　暴

4.

　　制
権　□　度
　　界

5.

　　南
究　□　端
　　楽

6.

　　防
被　□　害
　　難

乱　防　限　源　極　司　災　制

【4】（　　）の中にカタカナの読み方をする漢字を書いてください。

1．コウ
- ①父も母も大学で（　　　　　）師をしている。
- ②相手チームは（　　　　　）守の両面で優れていた。

2．ショウ
- ①（　　　　　）来の目標について考えた。
- ②この説明は（　　　　　）略させていただきます。
- ③4月から部長に（　　　　　）格した。

3．トウ
- ①税金問題について意見が対立して離（　　　　　）した。
- ②政治家の活発な（　　　　　）論が聞きたい。

基本編　まとめテスト

【1】次の文の下線をつけた言葉の読み方を①～④の中から選び、番号を書いてください。

1．今も脳裏にふるさとの美しい光景が焼きついている。

①　のろ　　②　のうろ　　③　のり　　④　のうり

2．ここ 10 年でインターネットの普及率は 70%を超えた。

①　ふつう　　②　ふくう　　③　ふきゅう　　④　ふこう

3．国会図書館では 600 万冊以上の蔵書を管理している。

①　ぞうしょ　　②　とうしょ　　③　そうしょ　　④　じょうしょ

4．お客様にていねいに説明して、やっと納得してもらった。

①　せっとく　　②　なっとく　　③　のうとく　　④　ないとく

5．年末年始は、北海道の実家に帰省するつもりだ。

①　きちょう　　②　きしょう　　③　きせい　　④　きたく

1		2		3		4		5	

【2】次の文の下線をつけた言葉の書き方を①～④の中から選び、番号を書いてください。

1．会議室では、朝から活発なぎろんが続いている。

①　議輸　　②　議論　　③　戯論　　④　義論

2．地球のあらゆるところで、かんきょう破壊が進んでいる。

①　歓境　　②　館境　　③　観境　　④　環境

3．しょうたい状を送る前に、名前をもう一度チェックしてください。

①　紹介　　②　商待　　③　招待　　④　紹対

4．人前で話すときは、いつもきんちょうしてしまう。

①　緊張　　②　禁張　　③　堅張　　④　琴張

5．わたしが一番そんけいする人物は、父方の祖父だ。

①　尊重　　②　損敬　　③　尊敬　　④　損厳

1		2		3		4		5	

【3】①～㉚の下線部の漢字または読み方を書いてください。

<新しい生活>

大学時代から10年近く住んでいたアパートの①家賃が②ねあげされることになり、③引っ越すことに決めた。新しい部屋は④雑誌やインターネットの⑤ひょうばんを⑥参考にしながら探した。不動産屋に⑦入居者⑧ぼしゅう中のアパートを実際に見せてもらい、やっといい部屋が見つかった。

駅からは少し遠かったが、⑨けんこうのために歩くことは苦にならなかったし、他の物件と⑩比較すると1万円ぐらい安いのも決めたポイントだった。それに不動産屋の⑪対応も良く、⑫しんらいできたので、すぐに⑬けいやくした。住む場所が決まって安心だが、思い出のある場所を⑭離れるのはさびしい。

今まで住んでいたアパートの⑮裏には⑯うめや⑰さくらの木がたくさん植えられていて、春には⑱薄いピンク色の花が咲き、とてもきれいだった。この⑲うつくしい⑳けしきがもう見られないかと思うと、㉑むねが苦しくなった。新しいアパートに㉒なれるまで少し時間がかかるかもしれない。

次の日、引っ越しの準備をしていると、不動産屋から電話があった。担当者によると、家賃の㉓支払いは管理費と㉔いっしょに銀行㉕振込で行わなければならないそうだ。㉖いそがしくて、なかなか銀行に行けそうもないので、口座振替の㉗申し込みをするつもりだ。

そういえば、会社の㉘じょうしが㉙にわ付きの一戸建てを㉚こうにゅうすると言っていた。確かに良く考えてみると、毎月家賃を払うのはもったいない気がする。私も「夢のマイホーム」のために今から少しずつ貯金することにしよう。

①	②	③	④	⑤
⑥	⑦	⑧	⑨	⑩
⑪	⑫	⑬	⑭	⑮
⑯	⑰	⑱	⑲	⑳
㉑	㉒	㉓	㉔	㉕
㉖	㉗	㉘	㉙	㉚

11章
〜
18章

挑戦編
ちょうせんへん

11章 生活ー2
せいかつ

住宅1
じゅうたく

畳
たた-む　たたみ
ジョウ

(12)

畳

布団を畳む　折り畳み傘
ふとん　たた　お　たた　がさ
畳の部屋　石畳を歩く
たたみ　へや　いしだたみ　ある
六畳間に住んでいる
ろくじょうま　す

床
とこ　ゆか
ショウ

(7)

床

モップで床をふく　床屋に行く
ゆか　とこや　い
床の間に生け花をかざる　6時起床
とこ　ま　い　ばな　きしょう
△病床につく
びょうしょう

軒
のき
ケン

(10)

軒

軒先に花を飾る
のきさき　はな　かざ
軒下につばめが巣を作った　軒を連ねる
のきした　す　つく　のき　つら
一軒　数軒の家　軒並み
いっけん　すうけん　いえ　のきな

玄
ゲン

(5)

玄

玄関から家に入る　玄米
げんかん　いえ　はい　げんまい
△玄人
くろうと

壁
かべ
ヘキ

(16)

壁

壁に絵を掛ける　壁紙　古代の壁画
かべ　え　か　かべがみ　こだい　へきが
記録の壁を破る
きろく　かべ　やぶ
△岸壁に波が打ち寄せる
がんぺき　なみ　う　よ

廊
ロウ

(12)

廊

長い廊下　画廊で絵の個展を開く
なが　ろうか　がろう　え　こてん　ひら
寺院の回廊
じいん　かいろう

住宅2
じゅうたく

寮　リョウ
(15)

大学の寮　寮生活　社員寮
だいがく りょう　りょうせいかつ　しゃいんりょう
独身寮に入る
どくしんりょう はい

隣　とな-る　となり　リン
(16)

席が隣り合う　隣の家　右隣
せき となあ　となり いえ　みぎどなり
両隣　近隣　アパートの隣室
りょうどなり　きんりん　りんしつ
公園に隣接する
こうえん りんせつ

敷　し-く　フ
(15)

布団を敷く　敷物を持参する
ふとん し　しきもの じさん
座敷　敷金
ざしき　しききん
△鉄道を敷設する
てつどう ふせつ

狭　せば-まる　せば-める　せま-い　キョウ
(9)

道幅が狭まる　範囲を狭める
みちはば せば　はんい せば
狭い玄関　世間は狭い　狭苦しい部屋
せま げんかん　せけん せま　せまくる へや
△手狭
てぜま

荘　ソウ
(9)

週末に別荘へ行く　山荘
しゅうまつ べっそう い　さんそう
△荘重な儀式
そうちょう ぎしき

贈り物２
おく　もの

封
フウ　ホウ

(9)

手紙の封を切る　同封する
てがみ　ふう　き　どうふう

今週末封切りの映画　封書
こんしゅうまつふうぎ　えいが　ふうしょ

△封建制度
ほうけんせいど

筒
つつ
トウ

(12)

卒業証書の筒　声が筒抜けだ
そつぎょうしょうしょ　つつ　こえ　つつぬ

現金を封筒に入れる　水筒を持ち歩く
げんきん　ふうとう　い　すいとう　も　ある

円筒形のビル
えんとうけい

歳
サイ　セイ

(13)

十五歳　何歳　歳末
じゅうごさい　なんさい　さいまつ

歳月が過ぎる
さいげつ　す

△二十歳
はたち

暮
く-れる　く-らす
ボ

(14)

母と暮らす　一人暮らし
はは　く　ひとりぐ

日が暮れる　夕暮れ　年の暮れ
ひ　く　ゆうぐ　とし　く

お歳暮を贈る
せいぼ　おく

宛
あ-てる

(8)

宛先　宛名
あてさき　あてな

菓
カ

(11)

お菓子　和菓子　洋菓子
かし　わがし　ようがし

製菓会社で働いている
せいかがいしゃ　はたら

△茶菓
ちゃか

調味料(ちょうみりょう)

詰

つ-まる　つ-める　つ-む
キツ

(13)

鼻(はな)が詰(つ)まる　箱(はこ)に詰(つ)める
目(め)が詰(つ)まった布(ぬの)　荷物(にもつ)を詰(つ)め込(こ)む
詰問(きつもん)する

瓶

ビン

(11)

ビール瓶(びん)　花瓶(かびん)　空(あ)き瓶(びん)　ガラス瓶(びん)
瓶詰(びんづ)めのジャム

粒

つぶ
リュウ

(11)

米粒(こめつぶ)　大粒(おおつぶ)の雨(あめ)　粒子(りゅうし)が細(こま)かい
粒(つぶ)あん　粒(つぶ)がそろう

酢

す
サク

(12)

酢(す)　甘酢(あまず)　酢(す)の物(もの)
酢酸(さくさん)は酢(す)の主(おも)な成分(せいぶん)だ

糖

トウ

(16)

砂糖(さとう)　糖分(とうぶん)を控(ひか)える　果糖(かとう)
糖尿病(とうにょうびょう)

辛

から-い
シン

(7)

辛(から)い食(た)べ物(もの)　辛口(からくち)　香辛料(こうしんりょう)を入(い)れる
辛抱(しんぼう)する　評価(ひょうか)が辛(から)い
△唐辛子(とうがらし)

交通3
こうつう

渋
しぶ-る　しぶ-い　しぶ
ジュウ
(11)

返事を渋る　お金を出すのを渋る
へんじ　しぶ　かね　だ　しぶ
渋いお茶　渋い色のネクタイ
しぶ　ちゃ　しぶ　いろ
柿の渋　苦渋を味わう
かき　しぶ　くじゅう　あじ

街
まち
ガイ　カイ
(12)

街を歩く　市街地
まち　ある　しがいち
商店街で買い物する　街頭演説をする
しょうてんがい　か　もの　がいとうえんぜつ
街道を歩く　出世街道
かいどう　ある　しゅっせかいどう

距
キョ
(12)

東京から富士山までの距離
とうきょう　ふじさん　きょり
距離をおいてつきあう　距離が長い
きょり　きょり　なが
長距離ランナー
ちょうきょり

滞
とどこお-る
タイ
(13)

仕事が滞る　家賃の支払いが滞る
しごと　とどこお　やちん　しはら　とどこお
交通渋滞　2週間滞在する
こうつうじゅうたい　しゅうかんたいざい
保険料を滞納する　景気が停滞する
ほけんりょう　たいのう　けいき　ていたい

往
オウ
(8)

家と会社を往復する　往復はがき
いえ　かいしゃ　おうふく　おうふく
医者に往診を頼む
いしゃ　おうしん　たの
車の往来が激しい　右往左往する
くるま　おうらい　はげ　うおうさおう

灯
ひ
トウ
(6)

ランプに灯をともす
ひ
12時に消灯する　電灯
じ　しょうとう　でんとう
街灯　灯台
がいとう　とうだい

生活ー2　復習

【1】漢字の読み方を書いてください。

1. 荷物をダンボールに詰め込む。
2. お歳暮を買いにデパートへ行く。
3. 温泉旅館の畳の部屋に泊まる。
4. 花瓶に花をいける。
5. 渋滞で約束の時間に遅れた。
6. 廊下を走ってはいけない。
7. この病院は9時に消灯する。
8. この商店街は何でもあって買い物しやすい。
9. 壁紙が古くなったので張り替えた。
10. 新しいアパートを借りるために敷金を払う。

1	
2	
3	
4	
5	
6	
7	
8	
9	
10	

【2】漢字を書いてください。

1. 毎朝7時にきしょうする。
2. おかしの食べすぎで、太った。
3. 学生時代はりょうに住んでいた。
4. 荷物が増えて部屋がせまくなる。
5. ふうとうに住所と名前を書く。
6. 健康のためにげんまいを食べる。
7. おうふく料金のほうが割安だ。
8. 毎年、夏はべっそうに行く。
9. となりの家は大きな犬を飼っている。
10. 自宅から駅まで、かなりのきょりがある。

1	
2	
3	
4	
5	
6	
7	
8	
9	
10	

サラリーマン

携 たずさ-える　たずさ-わる
ケイ

(13)

携

お土産を携える　手を携える
みやげ　たずさ　て　たずさ

プロジェクトに携わる　携帯電話
たずさ　けいたいでんわ

ライバル会社と提携を結ぶ　連携プレー
がいしゃ　ていけい　むす　れんけい

即 ソク

(7)

即

計画を即実行する　質問に即答する
けいかく　そくじっこう　しつもん　そくとう

即断即決　即席料理
そくだんそっけつ　そくせきりょうり

△一触即発
いっしょくそくはつ

稼 かせ-ぐ
カ

(15)

稼

働いてお金を稼ぐ　時間を稼ぐ
はたら　かね　かせ　じかん　かせ

稼ぎが少ない　出稼ぎ
かせ　すく　でかせ

△稼動／稼働　△稼業
かどう　かどう　かぎょう

需 ジュ

(14)

需

生活必需品　需要と供給
せいかつひつじゅひん　じゅよう　きょうきゅう

拒 こば-む
キョ

(8)

拒

命令を拒む　指示を拒否する
めいれい　こば　しじ　きょひ

拒絶反応
きょぜつはんのう

厳 きび-しい　おごそ-か
ゲン　ゴン

(17)

厳

厳しい先生　厳しい規則　寒さが厳しい
きび　せんせい　きび　きそく　さむ　きび

厳かな雰囲気　厳重に注意する
おごそ　ふんいき　げんじゅう　ちゅうい

厳密に検査する
げんみつ　けんさ

△荘厳な音楽
そうごん　おんがく

コピー

刷
す-る
サツ
(8)

刷			

新聞(しんぶん)を刷(す)る　ポスターを印刷(いんさつ)する
制度(せいど)を刷新(さっしん)する　四色刷(よんしょくず)り

枠
わく
(8)

枠			

窓枠(まどわく)　枠組(わくぐ)み　予算枠(よさんわく)　枠(わく)で囲(かこ)む
枠(わく)にはまった考(かんが)え方(かた)

縦
たて
ジュウ
(16)

縦			

縦(たて)と横(よこ)をそろえる　縦書(たてが)き
縦社会(たてしゃかい)　日本列島縦断(にほんれっとうじゅうだん)
△縦横無尽(じゅうおうむじん)

斜
なな-め
シャ
(11)

斜			

斜(なな)め後(うし)ろの席(せき)　世(よ)の中(なか)を斜(なな)めに見(み)る
新聞(しんぶん)の斜(なな)め読(よ)み　斜線(しゃせん)を引(ひ)く　斜面(しゃめん)
△斜(しゃ)に構(かま)える

端
はし　は　はた
タン
(14)

端			

道(みち)の端(はし)を歩(ある)く　端(はし)っこ　端数(はすう)　池(いけ)の端(はし)
先端技術(せんたんぎじゅつ)　極端(きょくたん)な意見(いけん)　発端(ほったん)
両端(りょうたん)をそろえる

隅
すみ
グウ
(12)

隅			

部屋(へや)の隅(すみ)　片隅(かたすみ)　隅(すみ)におけない人(ひと)

様子を表す言葉2
ようす　あらわ　ことば

堅
かた-い
ケン
(12)

堅

堅い材木　意志が堅い
かた　ざいもく　いし　かた
守りが堅い　堅い約束
まも　かた　かた　やくそく
堅実な方法
けんじつ　ほうほう

硬
かた-い
コウ
(12)

硬

硬い石　硬いいす　顔の表情が硬い
かた　いし　かた　かお　ひょうじょう　かた
百円硬貨　強硬な意見
ひゃくえんこうか　きょうこう　いけん

鋭
するど-い
エイ
(15)

鋭

鋭いナイフ　鋭い指摘
するど　するど　してき
目つきが鋭い　鋭角
め　するど　えいかく
鋭気に満ちた目
えいき　み　め

鈍
にぶ-る　にぶ-い
ドン
(12)

鈍

頭の働きが鈍る　体の動きが鈍い
あたま　はたら　にぶ　からだ　うご　にぶ
反応が鈍い　鈍感な人
はんのう　にぶ　どんかん　ひと

詳
くわ-しい
ショウ
(13)

詳

詳しい解説　詳しく説明する
くわ　かいせつ　くわ　せつめい
詳細な説明をする　年齢不詳
しょうさい　せつめい　ねんれいふしょう

簡
カン
(18)

簡

簡単な試験問題　簡素な結婚式
かんたん　しけんもんだい　かんそ　けっこんしき
簡略化　簡易保険
かんりゃくか　かんいほけん

様子を表す言葉3

潔
いさぎよ-い
ケツ
(15)

潔			

潔い態度　意見を簡潔に述べる
身の回りを清潔に保つ　不潔なトイレ
裁判で身の潔白を証明する

頑
ガン
(13)

頑			

頑固な性格　頑丈な体
△頑張る

勇
いさ-む
ユウ
(9)

勇			

勇んで出かけていく　勇ましい人
勇気がある　勇敢な行為　勇者

賢
かしこ-い
ケン
(16)

賢			

賢い人物　賢明な判断　賢者
賢人　良妻賢母

偉
えら-い
イ
(12)

偉			

偉い学者　偉く疲れた　偉人
偉大な業績を残す

珍
めずら-しい
チン
(9)

珍			

珍しい食べもの　珍しく家にいる
珍味　珍道中
△珍重

美容
びよう

肌　はだ
(6)

肌

彼女は肌の色が白い
かのじょ　はだ　いろ　しろ

素肌のきれいな人　肌荒れ
すはだ　ひと　はだあ

肌色　肌着　肌が合う
はだいろ　はだぎ　はだ　あ

粧　ショウ
(12)

粧

化粧をする　薄化粧　厚化粧
けしょう　うすげしょう　あつげしょう

雪化粧
ゆきげしょう

髪　かみ　ハツ
(14)

髪

髪が長い　髪の毛　髪型を変える
かみ　なが　かみ　け　かみがた　か

前髪　金髪　長髪
まえがみ　きんぱつ　ちょうはつ

△間一髪
かんいっぱつ

脚　あし　キャク　キャ
(11)

脚

脚の線　机の脚　カメラの三脚
あし　せん　つくえ　あし　さんきゃく

脚本　脚注　脚色　失脚
きゃくほん　きゃくちゅう　きゃくしょく　しっきゃく

脚光を浴びる　脚立
きゃっこう　あ　きゃたつ

華　はな　カ　ケ
(10)

華

彼女には華がある　華やかな人
かのじょ　はな　はな　ひと

華々しい活躍　華道　華美な服装
はなばな　かつやく　かどう　かび　ふくそう

△華厳の滝（栃木県日光市）
けごん　たき　とちぎけんにっこうし

鏡　かがみ　キョウ
(19)

鏡

鏡を見る　手鏡　老眼鏡　鏡台
かがみ　み　てかがみ　ろうがんきょう　きょうだい

△眼鏡
めがね

ファッション2

帽　ボウ
(12)

帽

学生帽　麦わら帽子
がくせいぼう　むぎ　ぼうし
彼の腕前には脱帽する
かれ　うでまえ　だつぼう

傘　かさ　サン
(12)

傘

傘をさす　傘立て　雨傘　日傘
かさ　かさた　あまがさ　ひがさ
大企業の傘下に入る
だいきぎょう　さんか　はい

革　かわ　カク
(9)

革

革のベルト　革製品　産業革命
かわ　かわせいひん　さんぎょうかくめい
技術革新
ぎじゅつかくしん

靴　くつ　カ
(13)

靴

靴を履く　靴下　革靴　長靴
くつ　は　くつした　かわぐつ　ながぐつ
△製靴業を営む
せいかぎょう　いとな

柄　がら　え　ヘイ
(9)

柄

花柄のワンピースを着る　人柄　家柄
はながら　き　ひとがら　いえがら
場所柄　かさの柄の部分を持つ
ばしょがら　え　ぶぶん　も
横柄な人　柄の悪い男
おうへい　ひと　がら　わる　おとこ

装　よそお-う　ソウ　ショウ
(12)

装

春の装いを楽しむ　客を装う
はる　よそお　たの　きゃく　よそお
服装　プレゼントを包装する
ふくそう　ほうそう
安全装置　舞台衣装
あんぜんそうち　ぶたいいしょう

働く(はたら)　復習(ふくしゅう)

【1】漢字(かんじ)の読(よ)み方(かた)を書(か)いてください。

1. 犯人(はんにん)は客(きゃく)を装い、指輪(ゆびわ)をうばって逃走(とうそう)した。
2. 彼(かれ)は自分(じぶん)の非(ひ)を潔く認(みと)めた。
3. 彼(かれ)は寝(ね)る時間(じかん)も削(けず)って働(はたら)き、留学費用(りゅうがくひよう)を稼いでいる。
4. 厳かな雰囲気(ふんいき)の中(なか)で卒業式(そつぎょうしき)が行(おこな)われた。
5. 彼(かれ)は偉大な業績(ぎょうせき)を残(のこ)した。
6. 気分転換(きぶんてんかん)に髪型を変(か)えた。
7. 珍しい名前(なまえ)なので、すぐ覚(おぼ)えてもらえる。
8. 彼女(かのじょ)の服装(ふくそう)はいつも華やかだ。
9. 資料(しりょう)の大切(たいせつ)なところを枠で囲(かこ)んで、目印(めじるし)にする。
10. 彼(かれ)は賢い人(ひと)なので、同(おな)じ失敗(しっぱい)はくり返(かえ)さない。

1	
2	
3	
4	
5	
6	
7	
8	
9	
10	

【2】漢字(かんじ)を書(か)いてください。

1. 彼女(かのじょ)は話(はなし)の要点(ようてん)をまとめ、かんけつに話(はな)すのが上手(じょうず)だ。
2. 先輩(せんぱい)は仕事(しごと)にきびしいが、信頼(しんらい)できる人(ひと)だ。
3. 休日(きゅうじつ)を家(いえ)で過(す)ごす人(ひと)が増(ふ)え、新型(しんがた)テレビのじゅようが高(たか)まりつつある。
4. 何(なに)か急(きゅう)な仕事(しごと)が入(はい)ったら、けいたい電話(でんわ)に連絡(れんらく)をください。
5. 石橋(いしばし)さんはひとがらがよく、皆(みな)に好(す)かれている。
6. この麦(むぎ)わらぼうしをかぶっているのが私(わたし)の母(はは)です。
7. 映画(えいが)のきゃくほんを読(よ)む。
8. 出(で)かける前(まえ)に、かがみで身(み)だしなみをチェックする。
9. 彼(かれ)は勘(かん)がするどいので、言葉(ことば)にしなくてもわかってしまう。
10. 仕事内容(しごとないよう)のしょうさいについて説明(せつめい)を受(う)ける。

1	
2	
3	
4	
5	
6	
7	
8	
9	
10	

11章・12章　アチーブメントテスト

【1】次の文の下線をつけた言葉の読み方を①～④の中から選び、番号を書いてください。

1．髪を切りに床屋へ行く。

① とこや　② しょうや　③ ゆかや　④ とこみせ

2．ルールを守らない学生に厳重に注意した。

① ごんじゅう　② げんじょう　③ げんちゅう　④ げんじゅう

3．このドラマの脚本は有名な作家によって書かれた。

① きょほん　② きゃくほん　③ きゃほん　④ きょくほん

4．面接に行く時は服装に注意してください。

① ふくしょう　② ふくしゅう　③ ふくそう　④ ふくせい

5．夏休みはずっと別荘で過ごす。

① べつそう　② べっしょう　③ べつしょ　④ べっそう

1		2		3		4		5	

【2】次の文の下線をつけた言葉の書き方を①～④の中から選び、番号を書いてください。

1．生活ひつじゅ品を買いにスーパーへ行った。

① 必需　② 必要　③ 必重　④ 必助

2．日本へ留学するという彼の意志はかたい。

① 固い　② 堅い　③ 硬い　④ 難い

3．仕事が休みの日はけしょうをしないことにしている。

① 化生　② 化装　③ 化粧　④ 化庄

4．台風は日本列島をじゅうだんし、各地に大きな被害をもたらした。

① 渋滞　② 縦断　③ 重段　④ 渋断

5．彼は生物化学の分野でいだいな業績を残した。

① 意大　② 遺大　③ 違大　④ 偉大

1		2		3		4		5	

【3】①～⑳の下線部(かせんぶ)の漢字(かんじ)または読(よ)み方(かた)を書(か)いてください。

お世話(せわ)になった先生(せんせい)に贈(おく)る①お歳暮を買(か)いに、デパートへ行(い)った。売(う)り場(ば)には、フランス製(せい)の②めずらしい食品(しょくひん)が置(お)いてあった。③おかし、④瓶詰めのジャム、⑤香辛料の⑥粒が入(はい)ったドレッシングなどだ。

先生(せんせい)はお酒(さけ)がお好(す)きなので、フランス産(さん)の赤(あか)ワインに決(き)めた。高級(こうきゅう)なものだったが、どうにか⑦予算枠の中(なか)でおさまった。店員(てんいん)に赤(あか)い⑧ほうそうしで包(つつ)んでもらい、⑨かんたんなあいさつを書(か)いたカードを⑩同封してもらった。漢字(かんじ)で⑪宛先を書(か)くのは難(むずか)しかった。

梅雨(つゆ)が近(ちか)いので、二階(かい)に下(お)りて新(あたら)しい⑫傘を見(み)ることにした。いろいろな傘があったが、⑬柄の部分(ぶぶん)が⑭革製のものを買(か)った。傘売(う)り場(ば)には、雨(あめ)の日用(ひよう)の⑮靴や⑯帽子なども売(う)られていた。

そのあと、⑰けしょう品(ひん)売(う)り場(ば)を通(とお)りかかったとき、ちょうど新製品(しんせいひん)の⑱くわしい説明(せつめい)をしていたので、思(おも)わずそれを買(か)ってしまった。

いろいろ見(み)て回(まわ)ってとても疲(つか)れた。荷物(にもつ)が重(おも)く、駅(えき)から家(いえ)までは⑲きょりもあるのでタクシーに乗(の)った。でも、道(みち)が⑳じゅうたいしていて時間(じかん)がかかった。

①	②	③	④
⑤	⑥	⑦	⑧
⑨	⑩	⑪	⑫
⑬	⑭	⑮	⑯
⑰	⑱	⑲	⑳

11章・12章　クイズ

【1】下(した)の図(ず)を見(み)て漢字(かんじ)を書(か)いてください。

1. □下(か)　2. □の間(ま)　3. □　4. □

【2】反対(はんたい)の意味(いみ)になるように言葉(ことば)を完成(かんせい)させてください。

1. 柔(やわ)らかい　⇔　□い
2. 清(せい)□　⇔　不(ふ)□
3. 複雑(ふくざつ)　⇔　□□
4. 供給(きょうきゅう)　⇔　□□
5. 横(よこ)　⇔　□
6. 鋭(するど)い　⇔　□い

【3】□から漢字を選び言葉を完成させてください。また、読み方も書いてください。

1. 社長の強□な意見で、そのプロジェクトは中止になった。〔　　　〕
2. 彼女は□固な性格で、一度言い出したら人の意見は聞かない。〔　　　〕
3. 好きな人に□気を出して、告白することにした。〔　　　〕
4. □帯が壊れたので新しいのを買った。〔　　　〕
5. 気分を変えたくて、□型を変えた。〔　　　〕
6. スキーで□面を滑るのは気持ちがいい。〔　　　〕

堅	勇	硬	髪	携	斜	頑	鋭

【4】（　　）の中に同じ漢字の部分を使った漢字を書き、〔　　〕に言葉の読み方を書いてください。

例) □＋青
①→急いで書いたので、後できれいに（ 清 ）書します。〔 せい 〕
②→天気予報によると明日は（ 晴 ）天です。〔 せい 〕

1. 米＋□
①→突然、大（　　）の雨が降ってきた。〔　　　〕
②→ダイエット中なので（　　）分を控えている。〔　　　〕
③→化（　　）品売場で新しい口紅を試した。〔　　　〕

2. 艹＋□
①→緑茶には和（　　）子がよくあう。〔　　　〕
②→大学に入学し、一人（　　）らしを始めた。〔　　　〕
③→私の趣味は（　　）道だ。〔　　　〕
④→夏は別（　　）で過ごすつもりだ。〔　　　〕

3. 冫＋□
①→このお茶は（　　）すぎて子供には飲めないだろう。〔　　　〕
②→体調が悪く休んだので、仕事が（　　）る。〔　　　〕
③→彼は（　　）癖な人として社内で有名だ。〔　　　〕

4. 彳＋□
①→忘れ物をしたので、家と駅とを（　　）復した。〔　　　〕
②→選挙が近くなり、（　　）頭演説をする人も増えてきた。〔　　　〕

5. 扌＋□
①→アメリカの企業と業務提（　　）を結ぶことになった。〔　　　〕
②→上司の命令は（　　）否するわけにはいかない。〔　　　〕

6. 阝＋□
①→部屋の片（　　）からなくしたものがでてきた。〔　　　〕
②→このマンションは公園に（　　）接している。〔　　　〕

健康(けんこう)2

睡　スイ

(13)

睡

睡魔(すいま)におそわれる　熟睡(じゅくすい)する
一睡(いっすい)もできない

眠　ねむ-る　ねむ-い　ミン

(10)

眠

ぐっすり眠(ねむ)る　深(ふか)い眠(ねむ)り　眠気覚(ねむけざ)まし
眠(ねむ)い　睡眠(すいみん)　仮眠(かみん)をとる　不眠症(ふみんしょう)
睡眠薬(すいみんやく)　永眠(えいみん)

喫　キツ

(12)

喫

自由(じゆう)を満喫(まんきつ)する　喫茶店(きっさてん)
敗北(はいぼく)を喫(きっ)する
△喫緊(きっきん)の課題(かだい)

煙　けむ-る　けむり　けむ-い　エン

(13)

煙

隣(となり)の家(いえ)から煙(けむり)が出(で)ている
たばこの煙(けむり)　部屋(へや)の中(なか)が煙(けむ)い　喫煙所(きつえんじょ)
館内禁煙(かんないきんえん)　煙突(えんとつ)　雨(あめ)に煙(けむ)る山(やま)

脂　あぶら　シ

(10)

脂

脂(あぶら)の多(おお)い肉(にく)　脂(あぶら)が乗(の)っている
脂汗(あぶらあせ)をかく　脂身(あぶらみ)　脂質(ししつ)　油脂(ゆし)

肪　ボウ

(8)

肪

おなかに脂肪(しぼう)がつく　脂肪分(しぼうぶん)
低脂肪牛乳(ていしぼうぎゅうにゅう)　植物性脂肪(しょくぶつせいしぼう)

出産
しゅっさん

妊　ニン
(7)

妊

妊婦に席をゆずる
にんぷ　せき

不妊治療を受ける　懐妊
ふにんちりょう　う　かいにん

娠　シン
(10)

娠

妊娠する　妊娠５ヵ月の健診に行く
にんしん　にんしん　かげつ　けんしん　い

双　ふた　ソウ
(4)

双

双子の兄弟　一卵性双生児
ふたご　きょうだい　いちらんせいそうせいじ

双眼鏡　双方の言い分　双方向
そうがんきょう　そうほう　い　ぶん　そうほうこう

△双六
すごろく

誕　タン
(15)

誕

誕生日おめでとう　誕生する
たんじょうび　たんじょう

誕生パーティー　生誕100年
たんじょう　せいたん　ねん

脈　ミャク
(10)

脈

脈を取る　動脈　静脈　山脈
みゃく　と　どうみゃく　じょうみゃく　さんみゃく

文脈　この取引にはまだ脈がある
ぶんみゃく　とりひき　みゃく

話に脈絡がない　広い人脈を持つ
はなし みゃくらく　ひろ　じんみゃく　も

拍　ハク　ヒョウ
(8)

拍

三拍子の曲　拍とアクセント
さんびょうし　きょく　はく

脈拍が速い　心拍数　盛大な拍手
みゃくはく　はや　しんぱくすう　せいだい　はくしゅ

人気に拍車をかける
にんき　はくしゃ

診察2
しんさつ

看
カン

(9)

看

看病をする　献身的な看護
かんびょう　けんしんてき　かんご

看護師　看守　看板
かんごし　かんしゅ　かんばん

患
わずら - う
カン

(11)

患

長く病を患う　入院患者　急患
なが　やまい　わずら　にゅういんかんじゃ　きゅうかん

疾患がある　患部を消毒する
しっかん　かんぶ　しょうどく

視
シ

(11)

視

視力検査　近視　視覚　視聴者
しりょくけんさ　きんし　しかく　しちょうしゃ

視線を感じる　視野を広げる
しせん　かん　しや　ひろ

監視　視察　重視　疑問視する
かんし　しさつ　じゅうし　ぎもんし

眼
まなこ
ガン　ゲン

(11)

眼

眼科　するどい眼光　眼中にない
がんか　がんこう　がんちゅう

着眼点　眼下に広がる海
ちゃくがんてん　がんか　ひろ　うみ

△ねぼけ眼　△大仏の開眼
まなこ　だいぶつ　かいげん

舌
した
ゼツ

(6)

舌

舌を出す　猫舌　冗舌　毒舌
した　だ　ねこじた　じょうぜつ　どくぜつ

舌が肥えている　舌打ちする
した　こ　したう

刺
さ - さる　さ - す
シ

(8)

刺

とげが刺さる　蚊に刺される
さ　か　さ

注射の針を刺す　刺激を求める
ちゅうしゃ　はり　さ　しげき　もと

名刺　刺繍　社会風刺　刺殺
めいし　ししゅう　しゃかいふうし　しさつ

診察(しんさつ)３

菌　キン
(11)

菌			

細菌(さいきん)　ばい菌(きん)　病原菌(びょうげんきん)を発見(はっけん)する
無菌室(むきんしつ)　殺菌(さっきん)　除菌(じょきん)スプレー

剤　ザイ
(10)

剤			

錠剤(じょうざい)を服用(ふくよう)する　薬剤師(やくざいし)　下剤(げざい)
ビタミン剤(ざい)　洗剤(せんざい)　殺虫剤(さっちゅうざい)

健康－2　復習

【1】漢字の読み方を書いてください。

1. 眠気覚ましにコーヒーを飲む。
2. モーツァルト生誕250年の記念式典が開かれる。
3. 長く患っていた病気が快方に向かう。
4. 1キロ走ったら、心拍数が上がった。
5. 将来、薬剤師になるのが夢だ。
6. 不眠症に悩まされる。
7. 海外留学で視野を広げる。
8. 食中毒を防ぐためにまな板を除菌する。
9. 指にとげが刺さって痛い。
10. 遠くの建物から煙が上がっている。

1	
2	
3	
4	
5	
6	
7	
8	
9	
10	

【2】漢字を書いてください。

1. 取引先のお客さんとめいし交換をする。
2. お店の前にかんばんを出す。
3. 満員電車でにんぷに席をゆずった。
4. 姉がふたごを出産した。
5. 昨日の夜は緊張していっすいもできなかった。
6. 大学院でびょうげんきんの研究にたずさわる。
7. みゃくはくを測る。
8. 彼は今、彼女のことしかがんちゅうにないようだ。
9. 毎日ていしぼう牛乳を1リットル飲む。
10. きっさてんで空いている時間をつぶす。

1	
2	
3	
4	
5	
6	
7	
8	
9	
10	

花2
はな

咲
さ-く
(9)

咲			

桜が咲く　昔話に花が咲く
さくら　さ　むかしばなし　はな　さ
五分咲き　舞台に返り咲く
ごぶざ　ぶたい　かえ　ざ

枯
か-れる　か-らす
コ
(9)

枯			

花が枯れる　植木を枯らす　枯れ葉
はな　か　うえき　か　か　は
木枯らしが吹く　資源が枯渇する
こが　ふ　しげん　こかつ

散
ち-る　ち-らす
ち-らかる　ち-らかす
サン
(12)

散			

花が散る　気が散る　部屋を散らかす
はな　ち　き　ち　へや　ち
公園を散歩する　解散する
こうえん　さんぽ　かいさん
△散々な目にあう
さんざん　め

飾
かざ-る
ショク
(13)

飾			

花を飾る　飾りをつける　着飾る
はな　かざ　かざ　きかざ
店内を装飾する　服飾デザイナー
てんない　そうしょく　ふくしょく
△修飾する
しゅうしょく

菊
キク
(11)

菊			

菊の花　菊人形　食用菊
きく　はな　きくにんぎょう　しょくようぎく
春菊　野菊
しゅんぎく　のぎく

枝
えだ
シ
(8)

枝			

木の枝　小枝　枝を折る
き　えだ　こえだ　えだ　お
枝豆　枝分かれ
えだまめ　えだわ
△枝葉末節にこだわる
しようまっせつ

色（いろ）

紺　コン

(11)

紺のスーツを着る　紺色のジャケット
濃紺のスカート　紺ぺきの空

紫　むらさき　シ

(12)

紫のセーターを着る　紫色の花
紫外線が強い

紅　べに　くれない　コウ　ク

(9)

口紅をつける　紅色　紅茶の香り
紅葉する　紅一点　真紅のバラ
△紅葉（もみじ）

灰　はい　カイ

(6)

たばこの灰　灰皿　灰色の空
火山灰が降る　石灰　石灰岩

鮮　あざ-やか　セン

(17)

鮮やかな青　新鮮な野菜　鮮魚
生鮮食品　鮮明に記憶している

彩　いろど-る　サイ

(11)

花火が夜空を彩る　彩りがいい
鮮やかな色彩　多彩な趣味　水彩画

動物 1
どうぶつ

飼
かｰう
シ
(13)

犬を飼う　飼い主　牛を飼育する
いぬ　か　か　ぬし　うし　しいく
馬に飼料をやる
うま　しりょう

畜
チク
(10)

家畜　畜産業を営む
かちく　ちくさんぎょう　いとな

猫
ねこ
ビョウ
(11)

猫の鳴き声　子猫　猫舌　猫背
ねこ　な　ごえ　こねこ　ねこじた　ねこぜ
猫の手も借りたい
ねこ　て　か
△愛猫家
あいびょうか

羊
ひつじ
ヨウ
(6)

羊の肉　子羊　羊飼い
ひつじ　にく　こひつじ　ひつじか
羊毛のセーター
ようもう
△山羊
やぎ

豚
ぶた
トン
(11)

豚肉を食べる　子豚　豚小屋
ぶたにく　た　こぶた　ぶたごや
養豚場　豚カツ
ようとんじょう　とん

巣
す
ソウ
(11)

鳥が巣を作る　ハチの巣
とり　す　つく　す
古巣に戻る　病巣を切除する
ふるす　もど　びょうそう　せつじょ

動物２
どうぶつ

放
はな-す　はな-つ
はな-れる　ほう-る
ホウ

(8)

放			

小鳥を放す　シュートを放つ
ことり　はな　　　　　はな
群れから放れる　球を放る　放送局
む　　　はな　　たま　ほう　ほうそうきょく
放置自転車　権利を放棄する
ほうちじてんしゃ　けんり　ほうき

牧
まき
ボク

(8)

牧			

牧場で働く　放牧する　牧畜業
ぼくじょう　はたら　ほうぼく　ぼくちくぎょう
遊牧民族　牧師
ゆうぼくみんぞく　ぼくし
△牧場
まきば

水２
みず

滝　たき
(13)

滝

滝にうたれる　滝つぼ
たき　　　　　たき
ナイアガラの滝
　　　　　　たき
汗が滝のように流れる
あせ　たき　　　なが

沼　ぬま　ショウ
(8)

沼

沼地　泥沼にはまる
ぬまち　どろぬま
裁判が泥沼化する
さいばん　どろぬまか
△湖沼
こしょう

滴　しずく　したた-る　テキ
(14)

滴

汗が滴る　雨の滴　水滴
あせ　したた　あめ　しずく　すいてき
一滴の涙　点滴をうつ
ひとしずく　なみだ　てんてき

凍　こお-る　こご-える　トウ
(10)

凍

湖が凍る　凍える寒さ
みずうみ　こお　こご　さむ
野菜を冷凍する　道路が凍結する
やさい　れいとう　どうろ　とうけつ
△凍て付く寒さ
い　つ　さむ

瀬　せ
(19)

瀬

浅瀬を渡る　瀬戸内海　瀬戸際
あさせ　わた　せとないかい　せとぎわ
△立つ瀬がない
た　せ

浄　ジョウ
(9)

浄

空気を浄化する　政治を浄化する
くうき　じょうか　せいじ　じょうか
空気清浄機　胃を洗浄する
くうきせいじょうき　い　せんじょう

地質調査(ちしつちょうさ) 1

掘
ほ-る
クツ
(11)

井戸(いど)を掘(ほ)る　石油(せきゆ)を採掘(さいくつ)する
遺跡(いせき)を発掘(はっくつ)する　盗掘(とうくつ)
△掘削(くっさく)

埋
う-める　う-まる
う-もれる
マイ
(10)

電線(でんせん)を地中(ちちゅう)に埋(う)める　穴(あな)を埋(う)める
席(せき)が埋(う)まる　車(くるま)が雪(ゆき)に埋(う)もれる
△石油(せきゆ)の埋蔵量(まいぞうりょう)　△埋葬(まいそう)する

泥
どろ
デイ
(8)

家(いえ)に泥棒(どろぼう)が入(はい)った　泥水(どろみず)
泥遊(どろあそ)び　泥酔(でいすい)する

炭
すみ
タン
(9)

炭火(すみび)で肉(にく)を焼(や)く　石炭(せきたん)
二酸化炭素(にさんかたんそ)　炭酸飲料(たんさんいんりょう)

鉱
コウ
(13)

鉱山(こうざん)を開発(かいはつ)する　鉱業(こうぎょう)　鉱物(こうぶつ)
金鉱(きんこう)　炭鉱(たんこう)　鉄鉱石(てっこうせき)

銅
ドウ
(14)

銅(どう)メダルを獲得(かくとく)する　銅像(どうぞう)
青銅(せいどう)　銅貨(どうか)　銅版画(どうはんが)

地質調査2
ちしつちょうさ

穴
あな
ケツ

(5)

穴			

穴(あな)をあける　穴(あな)を埋(う)める　穴(あな)を掘(ほ)る
落(お)とし穴(あな)　穴場(あなば)　墓穴(ぼけつ)を掘(ほ)る
△穴子(あなご)

洞
ほら
ドウ

(9)

洞			

洞穴(ほらあな)を探検(たんけん)する
空洞(くうどう)　洞察力(どうさつりょく)
△洞窟(どうくつ)

自然(しぜん)－2　復習(ふくしゅう)

【1】漢字(かんじ)の読(よ)み方(かた)を書(か)いてください。

1. 東京(とうきょう)では3月(がつ)から4月(がつ)にかけて桜(さくら)が咲く。
2. 犬(いぬ)を連(つ)れて公園(こうえん)を散歩する。
3. ラベンダー畑(ばたけ)が紫色に染(そ)まっている。
4. 秋(あき)は紅葉の季節(きせつ)だ。
5. 花火(はなび)が夏(なつ)の夜空(よぞら)を彩る。
6. 父(ちち)は北海道(ほっかいどう)で牧畜業(ぎょう)を営(いとな)んでいる。
7. 軒先(のきさき)にツバメが巣を作(つく)った。
8. 額(ひたい)から滴り落(お)ちる汗(あせ)をぬぐう。
9. 留守中(るすちゅう)に泥棒に入(はい)られて、現金(げんきん)を盗(ぬす)まれた。
10. リーダーには洞察力と判断力(はんだんりょく)が必要(ひつよう)だ。

1	
2	
3	
4	
5	
6	
7	
8	
9	
10	

【2】漢字(かんじ)を書(か)いてください。

1. 子(こ)どもたちとクリスマスツリーをかざる。
2. 毎日(まいにち)しんせんな野菜(やさい)を食(た)べるようにしている。
3. 東(ひがし)の空(そら)にはいいろの雲(くも)が広(ひろ)がっている。
4. 子供(こども)のころ、犬(いぬ)をかっていた。
5. 牛肉(ぎゅうにく)よりぶたにくのほうが好(す)きだ。
6. 釣(つ)った魚(さかな)を川(かわ)にはなした。
7. 寒(さむ)さでこごえた体(からだ)を温(あたた)める。
8. 新(あたら)しく井戸(いど)をほる工事(こうじ)をしている。
9. 車(くるま)が雪(ゆき)にうもれてしまった。
10. 彼女(かのじょ)はオリンピックでどうメダルを獲得(かくとく)した。

1	
2	
3	
4	
5	
6	
7	
8	
9	
10	

13章・14章　アチーブメントテスト

【1】次の文の下線をつけた言葉の読み方を①〜④の中から選び、番号を書いてください。

1．たばこの煙で、部屋の中が煙い。

①　くさい　②　におい　③　しろい　④　けむい

2．鮮やかな色の服を着て、仕事に出かける。

①　あざやかな　②　にぎやかな　③　ゆるやかな　④　さわやかな

3．旅行で３日間家を留守にして、庭の花を枯らしてしまった。

①　あらして　②　ちらして　③　からして　④　こらして

4．遺産相続問題が泥沼化する。

①　でいしょうか　②　でいちんか　③　どろはまか　④　どろぬまか

5．北京オリンピックで五つの銅メダルをとった。

①　きん　②　ぎん　③　とう　④　どう

1		2		3		4		5	

【2】次の文の下線をつけた言葉の書き方を①〜④の中から選び、番号を書いてください。

1．虫にさされて、皮膚が赤くはれた。

①　利されて　②　剤されて　③　刺されて　④　刷されて

2．赤ん坊がベッドでぐっすりねむっている。

①　寝って　②　眠って　③　睡って　④　眼って

3．小鳥が少年の手からはなれる。

①　離れる　②　放れる　③　華れる　④　端れる

4．外はしがいせんが強いから、日傘を持って出かけよう。

①　索外線　②　柴外線　③　紫外線　④　系外線

5．じょうすいじょうに社会見学に行く。

①　滝水場　②　滴水場　③　浄水場　④　洞水場

1		2		3		4		5	

【3】①～⑳の下線部の漢字または読み方を書いてください。

〈メタボリック症候群の夫〉

今年の健康診断で、医者から「このままではメタボリック症候群になってしまう。今後は食事制限と運動で①内臓脂肪を減らすように」と言われた。しかし、私は運動が大の苦手で、肉料理、特に②豚肉に目がない。それに甘いものやコーラなどの③炭酸飲料も大好きだ。

仕事が終わって遅く家に帰ったときは、④妊婦である妻をあまり働かせないように⑤れいとう食品などの簡単なもので食事を済ませ、足りない栄養は⑥ビタミンざいで補っている。毎晩の楽しみがビールなのだが、妻は高血圧が心配だからやめろと言う。でもこれだけは妻に何を言われようとやめられない。禁酒はできないが、今度子どもが産まれるのをきっかけに⑦きんえんしようと決め、まずは部屋にある⑧はいざらを全て捨てた。よし、がんばるぞ！

〈妊婦の妻〉

先日、⑨妊娠6ヵ月目の定期健診を受けに電車で病院へ行った。優先席が⑩うまっていたのでドアの近くに立っていたら、知らない人が席を譲ってくれた。病院ではまず⑪脈拍や血圧を測って、それから担当の先生に診てもらった。お腹の赤ちゃんは元気に成長しているようだ。最初に⑫ふたごだと聞いたときは驚いたが、今は「⑬たんじょうびには花を⑭かざって、ケーキと⑮こうちゃでお祝いしようかな」と想像して楽しんでいる。

夫は仕事で遅く帰ってくることも多いが、私の体調がすぐれなかったときに、⑯睡眠不足にも関わらず⑰看病してくれてとても感謝している。昨日は、運動不足を解消するために、夫と公園を⑱さんぽした。公園でかわいい⑲子猫を見かけて幸せな気分になった。過去に⑳不妊治療を受けたこともあったが、命を授かって本当によかった。

①	②	③	④
⑤	⑥	⑦	⑧
⑨	⑩	⑪	⑫
⑬	⑭	⑮	⑯
⑰	⑱	⑲	⑳

13章・14章　クイズ

【1】反対の意味になるように、[　　　]から熟語を選び、漢字に直して[　　　]に入れてください。

1．禁煙（きんえん）　⇔　[　][　]
2．遠視（えんし）　⇔　[　][　]
3．集合（しゅうごう）　⇔　[　][　]
4．閉鎖（へいさ）　⇔　[　][　]
5．解凍（かいとう）　⇔　[　][　]
6．軽視（けいし）　⇔　[　][　]
7．採掘（さいくつ）　⇔　[　][　]

かいほう
まいぞう
きんし
れいとう
きつえん
かいさん
じゅうし

【2】[　　　]の漢字は全て、さんずい（氵）がつく漢字です。
（氵）を組み合わせた漢字を[　]に入れ、（　　）に読み方を書いてください。

1．[　][　]にはまる　……………………　（　　　　　）にはまる
2．水[　]が垂れる　……………………　すい（　　　　　）がたれる
3．川の浅[　]で遊ぶ　……………………　かわのあさ（　　　　　）であそぶ
4．[　]に打たれる。　……………………　（　　　　　）にうたれる
5．洗[　]剤を入れる　……………………　せん（　　　　　）ざいをいれる
6．[　]穴を探検する　……………………　（　　　　　）あなをたんけんする

召　竜　頼　争　尼　同　商

【3】＿＿＿＿に適切な漢字を入れ、その読み方を〔　〕に書き、会話を完成させてください。

1．看護師：まず　＿＿＿＿　〔　　　　　　　〕を測りますね。
　　　　　腕を出してください。
　　患者　：はい。

2．看護師：＿＿＿＿　〔　　　　　　　〕をしましょう。眼鏡を外してください。
　　患者　：はい。

3．医者　：体重が増えたのは、＿＿＿＿　〔　　　　　　　〕のとりすぎが原因
　　　　　なので、今後は油の多い食事をなるべく控えてください。
　　患者　：はい・・・わかりました。

4．医者　：しばらく痛みが続くと思います。
　　　　　痛み止めの　＿＿＿＿　〔　　　　　　　〕を処方するので、
　　　　　薬局で受け取ってください。
　　患者　：わかりました。

5．医者　：　＿＿＿＿　〔　　　　　　　〕3ヶ月ですよ。おめでとうございます。
　　患者　：本当ですか。わあ、うれしい！

【4】桜の1年です。┄┄┄┄の漢字を使って（　　）に言葉を入れ、文を完成させてください。

咲　飾　散
枯　枝

春になると、桜の花が（1.　　　　　）。

公園に落ちていた桜の（2.　　　　　）を持って帰って部屋に（3.　　　　　）。

一週間で花が（4.　　　　　）、新緑の葉がつきます。

秋になると葉が（5.　　　　　）、冬を迎えます。

サスペンス３

殴
なぐ-る
オウ

(8)

殴 殴 殴 殴

棒で殴る　酔った男が駅員を殴った
ぼう　なぐ　よ　おとこ　えきいん　なぐ
殴打する　殴殺される
おうだ　おうさつ

叫
さけ-ぶ
キョウ

(6)

叫 叫 叫 叫

「助けて」と叫ぶ　叫び声をあげる
たす　さけ　さけ　ごえ
ジェットコースターで絶叫する
ぜっきょう

怖
こわ-い
フ

(8)

怖 怖 怖 怖

怖い話　犬を怖がる　恐怖
こわ　はなし　いぬ　こわ　きょうふ
高所恐怖症
こうしょきょうふしょう
△怖気づく
おじけ

嫌
きら-う　いや
ケン　ゲン

(13)

嫌 嫌 嫌 嫌

人混みを嫌う　負けず嫌いな性格
ひとご　きら　ま　ぎら　せいかく
嫌な仕事　嫌がる子ども
いや　しごと　いや　こ
機嫌がいい　自己嫌悪
きげん　じこけんお

憎
にく-む　にく-い
にく-らしい　にく-しみ
ゾウ

(14)

憎 憎 憎 憎

犯人を憎む　犯人が憎い
はんにん　にく　はんにん　にく
憎らしい子ども　憎めない人
にく　こ　にく　ひと
憎しみ　憎悪
にく　ぞうお

恥
は-じる　は-じらう
は-ずかしい　はじ
チ

(10)

恥 恥 恥 恥

皆の前で転んで恥ずかしい
みな　まえ　ころ　は
ミスを恥じる　手をつなぐのを恥じらう
は　て　は
恥をかく
はじ
△羞恥心
しゅうちしん

サスペンス４

誤
あやま-る
ゴ

(14)

誤	誤	誤	誤

ハンドル操作を誤る　判断を誤る
そうさ　あやま　はんだん　あやま

正誤問題　誤解を与える
せいごもんだい　ごかい　あた

誤診　誤算　試行錯誤
ごしん　ごさん　しこうさくご

謝
あやま-る
シャ

(17)

謝	謝	謝	謝

友達に謝る　感謝する　謝罪する
ともだち　あやま　かんしゃ　しゃざい

月謝を払う　慰謝料　新陳代謝
げっしゃ　はら　いしゃりょう　しんちんたいしゃ

励
はげ-む　はげ-ます
レイ

(7)

励	励	励	励

練習に励む　仲間を励ます
れんしゅう　はげ　なかま　はげ

声援が励みになる　留学を奨励する
せいえん　はげ　りゅうがく しょうれい

首相が選手団を激励する
しゅしょう　せんしゅだん　げきれい

冗
ジョウ

(4)

冗	冗	冗	冗

冗談を言う　冗談じゃない
じょうだん　い　じょうだん

彼の話は冗長だ
かれ　はなし じょうちょう

握
にぎ-る
アク

(12)

握	握	握	握

手を握る　握り寿司
て　にぎ　にぎ　ずし

握手をする　状況を把握する
あくしゅ　じょうきょう　はあく

一握りの選ばれた人たち
ひとにぎ　えら　ひと

絶
た-える　た-やす　た-つ
ゼツ

(12)

絶	絶	絶	絶

家系が絶える　人の出入りが絶えない
かけい　た　ひと　でい　た

笑顔を絶やさない　命を絶つ
えがお　た　いのち　た

絶食　拒絶する　人気の絶頂
ぜっしょく　きょぜつ　にんき　ぜっちょう

宴会（えんかい）1

宴　エン
(10)

宴会（えんかい）を開（ひら）く　宴会場（えんかいじょう）　披露宴（ひろうえん）
宴（えん）もたけなわ
△宴（うたげ）

催　もよお-す　サイ
(13)

歓迎会（かんげいかい）を催（もよお）す　催（もよお）し物（もの）　催事場（さいじじょう）
開催（かいさい）する　主催者（しゅさいしゃ）
返事（へんじ）を催促（さいそく）する　催眠術（さいみんじゅつ）

渇　かわ-く　カツ
(11)

のどが渇（かわ）く　渇水（かっすい）
平和（へいわ）を渇望（かつぼう）する

酌　く-む　シャク
(10)

お酌（しゃく）をする　晩酌（ばんしゃく）する　手酌（てじゃく）する
酒（さけ）を酌（く）み交（か）わす　気持（きも）ちを酌（く）みとる
△情状酌量（じょうじょうしゃくりょう）

泡　あわ　ホウ
(8)

ビールの泡（あわ）　泡（あわ）が立（た）つ　泡風呂（あわぶろ）
口（くち）から泡（あわ）を吹（ふ）く　水泡（すいほう）　気泡（きほう）

吐　は-く　ト
(6)

息（いき）を吐（は）く　吐（は）き気（け）がする
吐血（とけつ）する　嘔吐（おうと）
△真情（しんじょう）を吐露（とろ）する

宴会2

騒
さわ-ぐ
ソウ
(18)

皆で騒ぐ　外が騒がしい　騒ぎ声
騒音　物騒な世の中だ　騒動
△都会の喧騒

延
の-びる　の-ばす　の-べる
エン
(8)

試合が延びる　期限を延ばす
延べ人数　延期　延長　遅延証明書
延滞料金
△日を延べる

超
こ-える　こ-す
チョウ
(12)

限界を超える　100キロを超す大男
超満員　一万人超　超音波
超過料金　超忙しい　超かわいい

更
さら　ふ-ける　ふ-かす
コウ
(7)

夜が更ける　夜更かしする
更に仕事が増える　更衣室
免許を更新する　予定を変更する

徹
テツ
(15)

徹夜で勉強する　徹底的に調べる
冷徹な人間
△初志貫徹

憶
オク
(16)

記憶する　記憶がない
記憶喪失　追憶

仲間(なかま)3

僕　ボク
(14)

君(きみ)と僕(ぼく)　下僕(げぼく)

政治家(せいじか)は公僕(こうぼく)である

僚　リョウ
(14)

同僚(どうりょう)　官僚(かんりょう)　閣僚(かくりょう)＝大臣

財務省　厚労省
防衛省　文科省
外務省　環境省
農水省　経産省
法務省

輩　ハイ
(15)

1.続いて並ぶ
2.仲間.グループ

先輩(せんぱい)　後輩(こうはい)　吾輩(わがはい)は猫(ねこ)である

多(おお)くの有名選手(ゆうめいせんしゅ)を輩出(はいしゅつ)した高校(こうこう)

輩出する：社会に役立つ人を続々と出す

誰　だれ
(15)

誰(だれ)もいない部屋(へや)　誰(だれ)か助(たす)けて

偶　グウ
(11)

奇数(きすう)<->偶数(ぐうすう)　配偶者(はいぐうしゃ)　偶然(ぐうぜん)に再会(さいかい)する

偶発的(ぐうはつてき)な事故(じこ)

偶発的：予想していなかったことが起こるようす

△土偶(どぐう)

仲間(なかま)4

孫

まご
ソン

(10)

孫	孫	孫	孫

孫(まご)が生(う)まれた　孫(まご)の手(て)
子孫(しそん)を残(のこ)す

祖

ソ

(9)

祖	祖	祖	祖

祖先(そせん)を大切(たいせつ)にする　先祖代々(せんぞだいだい)の墓(はか)
祖父母(そふぼ)　元祖(がんそ)とんこつラーメン

似

に-る
ジ

(7)

似	似	似	似

よく似(に)た親子(おやこ)　娘(むすめ)は父親似(ちちおやに)だ
似顔絵(にがおえ)　類似品(るいじひん)にご注意(ちゅうい)

敬語2
けいご

召
めｰす
ショウ
(5)

召 召 召 召

召し上がる　国王に召されて登城する
め　あ　　　こくおう　め　　とじょう
天に召される　国会を召集する
てん　め　　　　こっかい　しょうしゅう
召し使い
め　つか

拝
おがｰむ
ハイ
(8)

拝 拝 拝 拝

手を合わせて仏を拝む　礼拝堂
て　あ　　　ほとけ　おが　れいはいどう
拝観料　参拝客　拝見する　拝啓
はいかんりょう　さんぱいきゃく　はいけん　はいけい

了
リョウ
(2)

了 了 了 了

試合は終了した　修了証
しあい　しゅうりょう　しゅうりょうしょう
任務を完了する　了解
にんむ　かんりょう　りょうかい

承
うけたまわｰる
ショウ
(8)

承 承 承 承

注文を承る　承知する　了承する
ちゅうもんうけたまわ　しょうち　りょうしょう
承諾する　伝統を継承する
しょうだく　でんとう　けいしょう
継承語　起承転結 → 起承转合
けいしょうご　きしょうてんけつ

伺
うかがｰう
シ
(7)

伺 伺 伺 伺

お宅に伺う　都合を伺う　進退伺い
たく　うかが　つごう　うかが　しんたいうかが
非正式辞职，请示去留的辞呈（说在工作上出现失误时）
△伺候
しこう

頂
いただｰく　いただき
チョウ
(11)

頂 頂 頂 頂

先生に本を頂いた　頂き物
せんせい　ほん　いただ　いただ　もの
意見を頂戴する　山の頂
いけん　ちょうだい　やま　いただき
山頂　登頂に成功する
さんちょう　とうちょう　せいこう

人間関係 ー2　復習

【1】漢字の読み方を書いてください。

1. 被害者の顔には殴られたようなあざがあった。
2. 彼女への憎しみが彼の人生を狂わせた。
3. 余計な一言で相手を傷つけ、自己嫌悪に陥る。
4. 結婚式のスピーチで新婦の名前を間違えて恥をかいた。
5. 上映初日の映画館は超満員だった。
6. 両親への感謝の気持ちをどうやって表したらいいだろう。
7. 彼は人に誤解されやすい。
8. それでは、また明日４時に伺います。
9. 近くに空港があって飛行機の騒音に迷惑している。
10. デパートで何か催し物があるせいか、人が多い。

1	なぐられた
2	にくしみ
3	じこけんお
4	はじ
5	ちょうまんいん
6	かんしゃ
7	ごかい
8	うかがいます
9	そうおん
10	もよおしもの

【2】漢字を書いてください。

1. 入院中、友達からの手紙にはげまされた。
2. 職場のせんぱいに誘われてコンパに参加した。
3. こわい映画を見て、夜眠れなくなってしまった。
4. はい、しょうち致しました。
5. 悪いと思ったら、すぐにあやまるべきだ。
6. 彼女は昔の恋人にどこかにている。
7. 運動会は雨のため、えんきになった。
8. その歌手は笑顔でサインして、ファンとあくしゅした。
9. 緊張のせいで、のどがカラカラにかわいている。
10. どんな理由があろうと、殺人はぜったいに許されない。

1	励まされた
2	先輩
3	怖い
4	承知
5	謝る
6	似ている
7	延期
8	握手
9	渇いて
10	絶対

災害（さいがい）2

被
こうむ-る
ヒ
(10)

損害（そんがい）を被る（こうむ）　被害（ひがい）を受ける（う）
被告（ひこく）　被服（ひふく）　被爆（ひばく）

壊
こわ-れる　こわ-す
カイ
(16)

パソコンが壊れる（こわ）　古い（ふる）建物（たてもの）を壊す（こわ）
環境破壊（かんきょうはかい）　地震（じしん）で家（いえ）が全壊（ぜんかい）した
△壊滅的（かいめつてき）な被害（ひがい）

傾
かたむ-く　かたむ-ける
ケイ
(13)

地震（じしん）で家（いえ）が傾く（かたむ）　日（ひ）が傾く（かたむ）
財政（ざいせい）が傾く（かたむ）　耳（みみ）を傾ける（かたむ）
円高（えんだか）の傾向（けいこう）がある
△傾倒（けいとう）する

崩
くず-れる（自動）　くず-す（他動）
ホウ
(11)

がけが崩れる（くず）　天気（てんき）が崩れる（くず）
体調（たいちょう）を崩す（くず）　ビルが崩壊（ほうかい）する　崩落（ほうらく）
△雪崩（なだれ）

噴
ふ-く
フン
(15)

エンジンが火（ひ）を噴く（ふ）　火山（かざん）が噴火（ふんか）する
汗（あせ）が噴き出す（ふ・だ）　不満（ふまん）が噴出（ふんしゅつ）する　噴水（ふんすい）

炎
ほのお
エン
(8)

ろうそくの炎（ほのお）　炎（ほのお）に包（つつ）まれる
寺（てら）が炎上（えんじょう）する　炎天下（えんてんか）　肺炎（はいえん）　炎症（えんしょう）

災害(さいがい)3

洪　コウ
(9)

洪水(こうずい)で家(いえ)が流(なが)される　洪水警報(こうずいけいほう)

津　つ　シン
(9)

地震(じしん)で津波(つなみ)が発生(はっせい)する　津波警報(つなみけいほう)

彼(かれ)の話(はなし)に興味津々(きょうみしんしん)だ

△津々浦々(つつうらうら)

波　なみ　ハ
(8)

波(なみ)が高(たか)い　津波(つなみ)　波(なみ)に乗(の)る　波(なみ)がある

景気(けいき)の波(なみ)　電波(でんぱ)　寒波(かんぱ)

△波浪警報(はろうけいほう)

荒　あ-れる　あ-らす　あら-い　コウ
(9)

海(うみ)が荒(あ)れる　荒(あ)れ地(ち)　肌荒(はだあ)れ

犬(いぬ)が庭(にわ)を荒(あ)らす　波(なみ)が荒(あら)い　荒天(こうてん)

戦争(せんそう)で国土(こくど)が荒廃(こうはい)する

激　はげ-しい　ゲキ
(16)

激(はげ)しい雨(あめ)　激(はげ)しい競争(きょうそう)　犯罪(はんざい)の激増(げきぞう)

株(かぶ)の急激(きゅうげき)な下落(げらく)　感激(かんげき)

刺激(しげき)を与(あた)える　激励(げきれい)

吹　ふ-く　スイ
(7)

激(はげ)しい風(かぜ)が吹(ふ)く　口笛(くちぶえ)を吹(ふ)く

吹奏楽(すいそうがく)

△吹雪(ふぶき)　△春(はる)の息吹(いぶき)

気候(きこう)

乾
かわ-く（自動）　かわ-かす（他動）
カン
(11)

乾	乾	乾	乾

空気(くうき)が乾(かわ)く　洗濯物(せんたくもの)を乾(かわ)かす
乾期(かんき)　乾電池(かんでんち)　乾杯(かんぱい)

燥
ソウ
(17)

燥	燥	燥	燥

部屋(へや)が乾燥(かんそう)する　乾燥注意報(かんそうちゅういほう)
乾燥機(かんそうき)　乾燥剤(かんそうざい)
△焦燥(しょうそう)にかられる

湿
しめ-る（自動）　しめ-す（他動）
シツ
(12)

湿	湿	湿	湿

空気(くうき)が湿(しめ)っている　水(みず)でのどを湿(しめ)らす
湿度(しつど)が高(たか)い　湿気(しっけ)　除湿(じょしつ)　湿原(しつげん)
△陰湿(いんしつ)ないじめ

涼
すず-しい　すず-む
リョウ
(11)

涼	涼	涼	涼

涼(すず)しい風(かぜ)　木(こ)かげで涼(すず)む
涼風(りょうふう)　清涼飲料(せいりょういんりょう)
△涼(りょう)をとる

雷
かみなり
ライ
(13)

雷	雷	雷	雷

雷(かみなり)が鳴(な)る　雷(かみなり)が落(お)ちる　雷警報(かみなりけいほう)
雷雨(らいう)　落雷(らくらい)　地雷(じらい)を踏(ふ)む
△雷鳴(らいめい)

雷が落ちる { 1. 落雷(表义)　2. 大发雷霆

嵐
あらし
(12)

嵐	嵐	嵐	嵐

嵐(あらし)が来(く)る　嵐(あらし)の前(まえ)の静(しず)けさ
砂嵐(すなあらし)

自然現象（しぜんげんしょう）　復習（ふくしゅう）

【1】漢字（かんじ）の読（よ）み方（かた）を書（か）いてください。

1. 200年（ねん）ぶりに火山（かざん）が噴火した。
2. 火事（かじ）で建物全体（たてものぜんたい）が炎に包（つつ）まれた。
3. 連日（れんじつ）の大雨（おおあめ）により洪水の恐（おそ）れがある。
4. 太平洋沿岸部（たいへいようえんがんぶ）に津波警報（けいほう）が発令（はつれい）された。
5. 口笛（くちぶえ）を吹きながら歩（ある）く。
6. 空気（くうき）が乾燥していて、のどが痛（いた）い。
7. 日本（にほん）の夏（なつ）は湿度が高（たか）い。
8. 地震（じしん）によってビルが崩壊した。
9. 曲（きょく）の演奏（えんそう）が終（お）わると、嵐のような拍手（はくしゅ）が起（お）こった。
10. 物価（ぶっか）は上昇（じょうしょう）の傾向にある。

1	ふんか
2	ほのお
3	こうずい
4	つなみ
5	ふき
6	かんそう
7	しつど
8	ほうかい
9	あらし
10	けいこう

【2】漢字（かんじ）を書（か）いてください。

1. 今回（こんかい）の台風（たいふう）によるひがいは計（はか）り知（し）れない。
2. パソコンがこわれて焦（あせ）った。
3. このアパートは古（ふる）いので、少（すこ）しかたむいている。
4. 昨日（きのう）からの大雨（おおあめ）で近（ちか）くの崖（がけ）がくずれた。
5. 海（うみ）があれているので、今日（きょう）の漁（りょう）は中止（ちゅうし）となった。
6. 1時間（じかん）に50ミリのはげしい雨（あめ）が降（ふ）った。
7. 天気（てんき）がいいので、洗濯物（せんたくもの）がよくかわく。
8. 携帯電話（けいたいでんわ）のでんぱが弱（よわ）いので、外（そと）へ出（で）た。
9. 窓（まど）を開（あ）けると、すずしい風（かぜ）が入（はい）ってきた。
10. お寺（てら）の大木（たいぼく）にかみなりが落（お）ちた。

1	被害
2	壊れて
3	傾いて
4	崩れた
5	荒れて
6	激しい
7	乾く
8	電波
9	涼しい
10	雷

１５章・１６章　アチーブメントテスト

【1】次の文の下線をつけた言葉の読み方を①～④の中から選び、番号を書いてください。

1．ご注文はこちらで<u>承ります</u>。

① たまわります　② うけたまわります　③ うけたまります　④ うけまわります

2．彼は若かったが、何も言わず自ら命を<u>絶って</u>しまった。

① たって　② いって　③ きって　④ さって

3．会社帰りによく行くイタリアンレストランは客へのサービスが<u>徹底</u>している。

① てってい　② でっでい　③ てつてい　④ てってい

4．最近は米ドルに対して円高の<u>傾向</u>が続いている。

① けいごう　② けいこう　③ げいこう　④ けいご

5．日本の夏は<u>湿度</u>が高くて、じめじめする。

① しっど　② しづど　③ しつど　④ しんど

1	②	2	①	3	④	4	②	5	③

【2】次の文の下線をつけた言葉の書き方を①～④の中から選び、番号を書いてください。

1．ハンドル操作を<u>あやまって</u>、ガードレールにぶつかってしまった。

① 誤って　② 謝って　③ 過って　④ 違って

2．医学が進歩したことにより、平均寿命が<u>のびて</u>いる。

① 伸びて　② 帯びて　③ 延びて　④ 展びて

3．震度６の地震によって、家が<u>ぜんかい</u>した。

① 全開　② 全会　③ 全快　④ 全壊

4．明日は午後から天気が<u>くずれて</u>、１時間に 30 ミリの強い雨が降るでしょう。

① 乱れて　② 流れて　③ 崩れて　④ 折れて

5．毎週金曜日は<u>どうりょう</u>と会社の近くのバーで一杯飲んでから帰る。

① 同量　② 同僚　③ 同様　④ 同業

1	①	2	③	3	④	4	③	5	②

【3】①～⑳の下線部の漢字または読み方を書いてください。

今朝、都内の公園で男性の死体が発見された。棒のようなもので①殴られたような跡があった。近所の人の話によると、夜中の３時ごろ、②騒ぐ声が聞こえ、更にギャーという③叫び声が聞こえたそうだ。死体は近所に住む若い男性で、男性の④そふは、「⑤まごが殺されるなんて考えられない。人に⑥にくまれるようなことは⑦ぜったいない。一体誰がこんなひどいことをしたんだ。⑧冗談じゃない。犯人がたとえ⑨謝罪したとしても許されるものではない。」と怒りをあらわにしている。

先日、会社帰りに⑩ぐうぜん大学時代の⑪先輩に会い、近くのバーでお酒を飲むことになった。⑫ぼくの一つ上のその先輩は、いつもぼくのことを心配して⑬励ましてくれた。そんな先輩も、今度会社の⑭後輩と結婚することになったそうだ。本当によかった。

昨日、太平洋の島で大地震が発生し、⑮激しい揺れが３分以上も続いたそうだ。住宅のほとんどが⑯崩壊し、火災で町は今も⑰ほのおに包まれている。また、地震の影響により⑱津波が発生し、⑲ひがいの拡大が心配されている。政府は事態の⑳把握に努めているが、詳しい状況はつかめていない模様だ。

① なぐられた	② さわぐ	③ さげびごえ	④ 祖父
⑤ 孫	⑥ 憎まれる	⑦ 絶対	⑧ じょうだん
⑨ しゃざい	⑩ 偶然	⑪ せんぱい	⑫ 僕
⑬ はげまして	⑭ こうはい	⑮ はげしい	⑯ ほうかい
⑰ 炎	⑱ つなみ	⑲ 被害	⑳ はあく

１５章・１６章　クイズ

【1】□から漢字を選び、熟語を作ってください。（　）に読み方も書いてください。

1．私の一言が相手に［誤］［解］を与えてしまった。　（ ごかい ）

2．両親に［感］［謝］の気持ちを伝える。　（ かんしゃ ）

3．試合が雨のため［延］［期］になった。　（ えんき ）

4．富士山の［登］［頂］に成功した。　（ とうちょう ）

5．ワールドカップは４年に一度［開］［催］される。　（ かいさい ）

6．［類］［似］品にご注意ください。　（ るいじ ）

催　語　誤　延　射　謝　登　似　以

【2】下の意味になる熟語を、漢字１字を入れて作ってください。

1．不快でうるさい音のこと …………………………………… ［騒］［音］

2．細かいところまで行き届くこと。また、中途半端でないこと ………… ［徹］［底］

3．２で割り切ることができる数のこと ………………………… ［偶］［数］

4．学校の勉強など決められた課程が全て終わること ………… ［修］［了］

5．火が燃え上がること ……………………………………… ［炎］［上］

6．建物、組織、制度などがこわれること ……………………… ［崩］［壊］

【3】□にあてはまる漢字を書いてください。

1.

　　物
喧 [騒] 音
　　動

2.

　　修
終 [了] 承
　　解

3.

　　山
登 [頂] 上
　　点

4.

　　加
除 [湿] 度
　　気

5.

　　地
落 [雷] 鳴
　　雨

6.

　　先
元 [祖] 先
　　父

騒	拝	頂	了	荒	祖	延	雷	嵐	湿

【4】（　）の中にカタカナの読み方をする漢字を書いてください。

1．エン
- ①（ 宴 ）会の予約を入れるために居酒屋に電話をした。
- ②ビデオを返すのを忘れてしまい、（ 延 ）滞料金を支払った。

2．コウ
- ①（ 洪 ）水警報が発令された。
- ②戦争で国土の大半が（ 荒 ）廃してしまった。

3．ハイ
- ①この高校は野球で多くの名選手を（ 輩 ）出している。
- ②この神社の（ 拝 ）観は５時までと決まっている。

4．リョウ
- ①清（ 涼 ）飲料水をケースで購入する。
- ②新しい内閣の閣（ 僚 ）が決まった。
- ③入学式の準備が完（ 了 ）した。

教育（きょういく）3

俳 ハイ
(10)

俳優（はいゆう）

松尾芭蕉（まつおばしょう）は江戸時代（えどじだい）の俳人（はいじん）である

△俳諧（はいかい）

句 ク
(5)

俳句（はいく）　句読点（くとうてん）を打（う）つ　文句（もんく）

禁句（きんく）　慣用句（かんようく）を覚（おぼ）える

詞 シ
(12)

名詞（めいし）　動詞（どうし）　形容詞（けいようし）　作詞家（さくしか）

英語（えいご）の歌詞（かし）

△枕詞（まくらことば）　△台詞（せりふ）

覧 ラン
(17)

展覧会（てんらんかい）を催（もよお）す　ご覧（らん）になる　観覧車（かんらんしゃ）

資料（しりょう）を回覧（かいらん）する　図書館（としょかん）の閲覧室（えつらんしつ）

簿 ボ
(19)

名簿（めいぼ）に名前（なまえ）を記入（きにゅう）する　出席簿（しゅっせきぼ）

帳簿（ちょうぼ）　簿記二級（ぼきにきゅう）　家計簿（かけいぼ）を付（つ）ける

塾 ジュク
(14)

子供（こども）を塾（じゅく）に通（かよ）わせる　塾講師（じゅくこうし）

学習塾（がくしゅうじゅく）　塾生（じゅくせい）

文化２（ぶんか）

踊
おど-る　おど-り
ヨウ
(14)

ワルツを踊（おど）る　盆踊（ぼんおど）り　日本舞踊（にほんぶよう）
踊（おど）り子（こ）　階段（かいだん）の踊（おど）り場（ば）

像
ゾウ
(14)

仏像（ぶつぞう）　石像（せきぞう）　銅像（どうぞう）　ゴッホの自画像（じがぞう）
美（うつく）しい映像（えいぞう）　未来（みらい）を想像（そうぞう）する
実像（じつぞう）と虚像（きょぞう）

殿
との　どの
デン　テン
(13)

殿様（とのさま）　山田一郎殿（やまだいちろうどの）　皇太子殿下（こうたいしでんか）
宮殿（きゅうでん）　パルテノン神殿（しんでん）　御殿（ごてん）
△殿方（とのがた）

坊
ボウ　ボッ
(7)

坊主（ぼうず）　坊（ぼう）さん　丸坊主（まるぼうず）　赤（あか）ん坊（ぼう）
坊（ぼう）や　暴（あば）れん坊（ぼう）　坊（ぼっ）ちゃん

跡
あと
セキ
(13)

城跡（しろあと）　工場（こうじょう）の跡地（あとち）　犯人（はんにん）の跡（あと）を追（お）う
傷跡（きずあと）　焼（や）け跡（あと）　遺跡（いせき）　追跡（ついせき）
△足跡（あしあと）を追（お）う

祈
いの-る
キ
(8)

無事（ぶじ）を祈（いの）る　祈（いの）り　平和（へいわ）を祈念（きねん）する
合格祈願（ごうかくきがん）

犯罪（はんざい）

刑　ケイ
(6)

刑(けい)に服(ふく)する　刑法(けいほう)　刑事(けいじ)　死刑(しけい)
処刑(しょけい)　実刑判決(じっけいはんけつ)が下(くだ)る

罰　バツ　バチ
(14)

罪(つみ)と罰(ばつ)　刑罰(けいばつ)を科(か)す　法律(ほうりつ)で罰(ばっ)する
罰則(ばっそく)　罰金(ばっきん)　処罰(しょばつ)　罰(ばち)が当(あ)たる

盗　ぬす-む　トウ
(11)

宝石(ほうせき)を盗(ぬす)む　盗難届(とうなんとどけ)を出(だ)す　銀行強盗(ぎんこうごうとう)
人目(ひとめ)を盗(ぬす)む　作品(さくひん)を盗用(とうよう)する
窃盗(せっとう)　盗作(とうさく)

捜　さが-す　ソウ
(10)

殺人事件(さつじんじけん)を捜査(そうさ)する　迷子(まいご)を捜(さが)す
行方不明者(ゆくえふめいしゃ)の捜索(そうさく)　捜(さが)し物(もの)をする

裁　さば-く　た-つ　サイ
(12)

人(ひと)を裁(さば)く　裁判(さいばん)　布地(ぬのじ)を裁(た)つ　裁縫(さいほう)
裁(た)ちばさみ　けんかを仲裁(ちゅうさい)する
独裁者(どくさいしゃ)　体裁(ていさい)を整(ととの)える

政治２（せいじ）

統　す-べる　トウ

(12)

天下統一（てんかとういつ）　国（くに）を統治（とうち）する　伝統（でんとう）を守（まも）る
部署（ぶしょ）を統合（とうごう）する　統計（とうけい）をとる
△国家（こっか）を統（す）べる

経理部→財務部

衆　シュウ　シュ

(12)

衆議院（しゅうぎいん）　民衆（みんしゅう）　大衆（たいしゅう）　観衆（かんしゅう）
聴衆（ちょうしゅう）　群衆（ぐんしゅう）を率（ひき）いる
アメリカ合衆国（がっしゅうこく）

為政者（いせいしゃ）

秩　チツ

禾→のぎへん

(10)

秩序（ちつじょ）を乱（みだ）す　社会（しゃかい）の秩序（ちつじょ）を守（まも）る

序　ジョ

(7)

順序（じゅんじょ）よく並（なら）ぶ　年功序列（ねんこうじょれつ）
序文（じょぶん）を書（か）く　オペラの序曲（じょきょく）

歌劇, opera
終身雇用

閣　カク

(14)

新内閣（しんないかく）が発足（ほっそく）した　閣僚（かくりょう）　入閣（にゅうかく）
閣議（かくぎ）が開（ひら）かれる　神社仏閣（じんじゃぶっかく）
△京都（きょうと）の金閣寺（きんかくじ）

与党（よとう）↔野党（やとう）
侘び　寂（さ）び

批　ヒ

(7)

政府（せいふ）を批判（ひはん）する　批評家（ひひょうか）
△条約（じょうやく）を批准（ひじゅん）する

評論家（ひょうろんか）　コメンテーター

軍事(ぐんじ)1

敵　かたき／テキ　(15)

敵　敵　敵　敵

分成敌我←敵味方(てきみかた)に分(わ)かれる　敵(かたき)を討(う)つ→討伐敌人(武器を使って倒す)
敵対(てきたい)する　強敵(きょうてき)　無敵(むてき)　宿敵(しゅくてき)→長い間の敵
油断大敵(ゆだんたいてき)　匹敵(ひってき)する これと同じ程度だ。
敵になって相手に対する／相手に向かう
油をこぼすと命を断つ／大変なことになること恐ろしいことになる

砲　ホウ　(10)

せんしゃ 戦車＝坦克

砲　砲　砲　砲

大砲(たいほう)を撃(う)つ　発砲(はっぽう)する　砲台(ほうだい)
海上(かいじょう)から砲撃(ほうげき)する　鉄砲(てっぽう)　祝砲(しゅくほう)
空砲(くうほう)　集中砲火(しゅうちゅうほうか)を浴(あ)びせる
多くの人が非難攻撃する。

領　リョウ　(14)

領　領　領　領

領域｛領土　領空　領海

日本領土(にほんりょうど)　領域(りょういき)　敵国(てきこく)を占領(せんりょう)する→自分のものにする。
日本領事館(にほんりょうじかん)　大統領(だいとうりょう)　領収証(りょうしゅうしょう)
会社(かいしゃ)の金(かね)を横領(おうりょう)する→自分のものになる(盗む)

侵　おか-す／シン　(9)

侵　侵　侵　侵

国境(こっきょう)を侵(おか)す　敵国(てきこく)に侵攻(しんこう)する
隣国(りんごく)を侵略(しんりゃく)する　権利(けんり)を侵害(しんがい)する
不法(ふほう)に侵入(しんにゅう)する　権利を行使できないようにする。
侵攻：無断で入って攻撃する　侵入：無断で入る。
侵略：領土財産をとる(うばう)

銃　ジュウ　(14)

銃　銃　銃　銃

銃(じゅう)を撃(う)つ　銃口(じゅうこう)を向(む)ける　機関銃(きかんじゅう)
激(はげ)しい銃撃戦(じゅうげきせん)　銃弾(じゅうだん)を受(う)ける
短銃(たんじゅう)　拳銃(けんじゅう)
手枪　手枪

核　カク　(10)

核　核　核　核

核兵器(かくへいき)を撤廃(てっぱい)する　非核三原則(ひかくさんげんそく)
核心(かくしん)に迫(せま)る　組織(そしき)の中核(ちゅうかく)→中心にある重要な部分
核家族(かくかぞく)　結核(けっかく)
→物事の中心になっている大事な部分。

軍事2
ぐんじ

護　ゴ
(20)

護	護	護	護

迷子を保護する　援護　弁護士
まいご　ほご　えんご　べんごし
病人を看護する　介護　護身術
びょうにん　かんご　かいご　ごしんじゅつ

衛　エイ
(16)

衛	衛	衛	衛

首相を護衛する　自衛する　防衛
しゅしょう　ごえい　じえい　ぼうえい
衛兵　守衛　食品衛生　人工衛星
えいへい　しゅえい　しょくひんえいせい　じんこうえいせい

盟　メイ
(13)

盟	盟	盟	盟

同盟を結ぶ　国連に加盟する
どうめい　むす　こくれん　かめい
国際サッカー連盟　盟友に再会する
こくさい　れんめい　めいゆう　さいかい

隊　タイ
(12)

隊	隊	隊	隊

隊員　自衛隊に入隊する　軍隊
たいいん　じえいたい　にゅうたい　ぐんたい
部隊　兵隊　隊長　探検隊
ぶたい　へいたい　たいちょう　たんけんたい

屈　クツ
(8)

屈	屈	屈	屈

権力に屈する　屈伸運動
けんりょく　くっ　くっしんうんどう
不屈の精神　退屈 →无聊、烦闷、寂寞、厌倦
ふくつ　せいしん　たいくつ
屈強な若者　屈折
くっきょう　わかもの　くっせつ
↓
年轻力壮的人

社会－2　復習

【1】漢字の読み方を書いてください。

1. 日本は1956年に国際連合に加盟した。
2. 年配の刑事が私の家に聞き込みにやって来た。
3. お手元の資料をご覧ください。
4. 彼女はいつも文句ばかり言っている。
5. 小林一茶の有名な俳句を知っていますか。
6. 名簿順にお座りください。
7. その男は私に銃口を向けて、大声で何か叫んだ。
8. 首相とアメリカ大統領との会談が決まった。
9. 優勝するには、強敵に勝たなければならない。
10. 彼の仕事は首相を護衛することだ。

1	かめい
2	けいじ
3	ごらん
4	もんく
5	はいく
6	めいぼ
7	じゅうこう
8	だいとうりょう
9	きょうてき
10	ごえい

【2】漢字を書いてください。

1. あかんぼうは、母親の顔を見たとたん泣きやんだ。
2. 学校の校歌のさくしを担当することになった。
3. 多くの人々はちつじょを守って生活している。
4. 状況から判断して、これは犯人のあしあとに違いない。
5. 渋谷にあるハチ公のどうぞうは海外でも有名だ。
6. 新政府の政策について多くのひはんが出た。
7. 小学生のうちから子供をじゅくに通わせるのには反対だ。
8. 家の前の広場では毎年、盆おどり大会が開催される。
9. 合格をきがんして有名な神社にお参りをした。
10. 地元出身の国会議員が初めてにゅうかくした。

1	赤ん坊
2	作詞
3	秩序
4	足跡
5	銅像
6	批判
7	塾
8	踊り
9	祈願
10	入閣

18章
地名（ちめい）

地名（ちめい）1

阪 ハン
(7)

阪	阪	阪	阪

阪神（はんしん）　京阪（けいはん）
△大阪府（おおさかふ）

埼 さい
(11)

埼	埼	埼	埼

埼玉県（さいたまけん）　埼京線（さいきょうせん）

栃 とち
(9)

栃	栃	栃	栃

栃木県（とちぎけん）

茨 いばら
(9)

茨	茨	茨	茨

茨城県（いばらきけん）　茨の道（いばらのみち）

梨 なし
(11)

梨	梨	梨	梨

梨（なし）　山梨県（やまなしけん）

群 む-れる　む-れ　むら　グン
(13)

群	群	群	群

鳥（とり）が群（む）れて飛（と）んでいる　羊（ひつじ）の群（む）れ
魚（さかな）がえさに群（むら）がる　大群（たいぐん）　群集（ぐんしゅう）
抜群（ばつぐん）の成績（せいせき）　群馬県（ぐんまけん）

地名（ちめい）2

鹿　しか　か
(11)

鹿			

鹿の角（しかのつの）　子鹿（こじか）　鹿児島県（かごしまけん）

奈　ナ
(8)

奈			

奈良県（ならけん）　神奈川県（かながわけん）

媛　エン
(12)

媛			

才媛（さいえん）

△愛媛県（えひめけん）

阜　フ
(8)

阜			

岐阜県（ぎふけん）

地名3（ちめい）

岡
おか　丘陵、山岡
小高くなった土地。山よりも低く、傾斜もなだらかなもの。

(8)

岡山県（おかやまけん）　福岡県（ふくおかけん）　静岡県（しずおかけん）

崎
さき

(11)

高崎市（たかさきし）　宮崎県（みやざきけん）

丘
おか
キュウ

(5)

丘（おか）　丘陵（きゅうりょう）　砂丘（さきゅう）

丁
チョウ　テイ

(2)

丁寧（ていねい）に教（おし）える　丁寧（ていねい）なことばで話（はな）す
丁重（ていちょう）にお断（ことわ）りする
東京都渋谷区渋谷二丁目（とうきょうとしぶやくしぶやにちょうめ）

塚
つか

(12)

塚（つか）　一里塚（いちりづか）　貝塚（かいづか）
↓
里程碑、
里程标、

地名　復習

【1】漢字の読み方を書いてください。

1. 山梨県は果物の産地として知られている。
2. 宮崎県は九州にある。
3. ここは貝塚が発見された街として有名だ。
4. 朝の埼京線はとても込んでいる。
5. 彼女は岡山県出身だ。
6. 茨城県は関東地方の一部だ。
7. 車窓から羊の群れが見える。
8. 先生は私の質問に丁寧に答えてくれた。
9. 樋口さんは抜群の成績で大学を卒業した。
10. 阪神は大阪と神戸の複合語だ。

1	やまなしけん
2	みやざきけん
3	かいづか
4	さいきょうせん
5	おかやまけん
6	いばらきけん
7	おれ
8	ていねい
9	ばつぐん
10	はんしん

【2】漢字を書いてください。

1. さいたまけんは東京都の北に位置している。
2. 牛のたいぐんが川を渡っている。
3. 彼の人生はまさにいばらのみちだ。
4. ならは京都と並んで千年もの歴史のある古い街だ。
5. 部屋にさきゅうの写真が飾ってある。
6. 夏になり、なしが店頭に並び始めた。
7. その城はおかの上に建っている。
8. 動物園でしかの親子を見た。
9. 今度出張でおおさかへ行く。
10. 会社が渋谷いっちょうめに移転した。

1	埼玉県
2	大群
3	茨
4	奈良
5	砂丘
6	梨
7	丘
8	鹿
9	大阪
10	一丁目

17章・18章　アチーブメントテスト

【1】次の文の下線をつけた言葉の読み方を①～④の中から選び、番号を書いてください。

1．この道の先には、なだらかな丘陵が続いている。

①　きょうりょう　②　けんりょう　③　きゅうりょう　④　こりょう

2．作品の盗用は絶対に許されることではない。

①　かいよう　②　とうよう　③　しよう　④　せんよう

3．お祝いの祝砲を鳴らした。

①　たいほう　②　くうほう　③　はっぽう　④　しゅくほう

4．国境を侵して、隣国に侵入する。

①　おかして　②　こして　③　はなして　④　さがして

5．ギリシャでは古代に建てられた宮殿が今もなお残っている。

①　きゅうでん　②　ぐうでん　③　ぐうで　④　きゅうで

1	③	2	②	3	④	4	①	5	①

【2】次の文の下線をつけた言葉の書き方を①～④の中から選び、番号を書いてください。

1．一人で旅に出る息子の無事をいのった。

①　裕った　②　礼った　③　折った　④　祈った

2．交通違反をして、ばっきんを払った。

①　罰金　②　盗金　③　閥金　④　罪金

3．大さかの名物料理と言えば、お好み焼きとたこ焼きだ。

①　坂　②　仮　③　阪　④　版

4．ニュージーランドを旅行中に、羊のむれを見た。

①　務れ　②　群れ　③　郡れ　④　集れ

5．無人の人工えいせいが10年ぶりに地球に帰還した。

①　術生　②　衛星　③　術星　④　衛生

1	④	2	①	3	③	4	②	5	②

【3】①～⑳の下線部の漢字または読み方を書いてください。

日本の①でんとう芸能である日本②舞踊を習っていた私は、子供のころから③観衆の前で演じることが好きだった。また、映画音楽にも関心を持っていて、有名な曲に自分で④歌詞をつけたり、友達にそれを⑤批評してもらったりしていた。将来の夢は、映画⑥はいゆうか⑦映像プロデューサーだった。大学卒業後、運よく小さい映画会社に就職が決まり、プロデューサーへの道を歩み始めた。一人前になるまでは⑧茨の道だと思うが、一つ一つの仕事を⑨丁寧に行って、早く信頼されるようになりたい。

昨晩テレビで、A国がB国の⑩りょうどを⑪しんりゃくしたというニュースを見た。A国軍が⑫敵に⑬銃を向け、⑭はっぽうしている姿が映し出され、B国も⑮自衛のために⑯部隊を編成し、応戦していた。治安も悪化しており、物資の⑰盗難も多いとニュースでは伝えていた。今朝の新聞によると、B国の⑱だいとうりょうが国連に支援を要請したという。武力に⑲屈することなく、一日も早くB国に⑳ちつじょが戻ることを願った。

①	②	③	④
⑤	⑥	⑦	⑧
⑨	⑩	⑪	⑫
⑬	⑭	⑮	⑯
⑰	⑱	⑲	⑳

17章・18章　クイズ

【1】関東地方の地図を見て、□に正しい県名を書いてください。

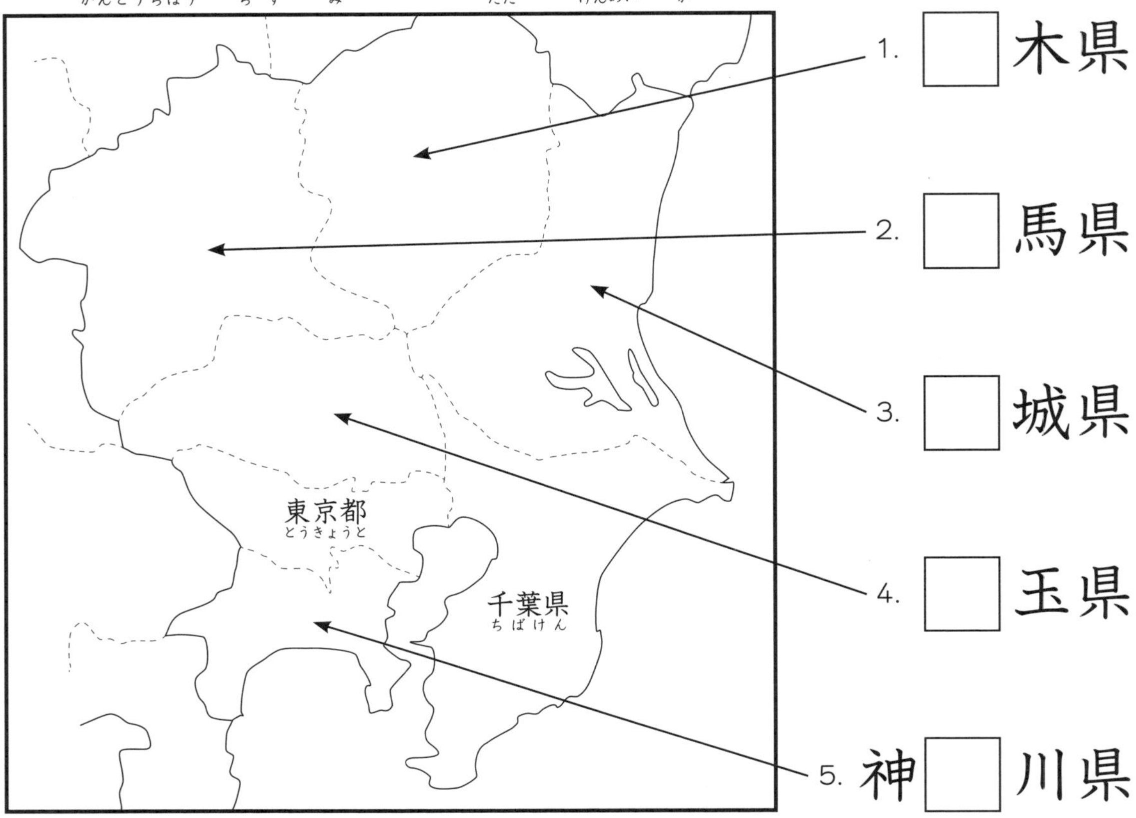

【2】（　　　　　）の中に入れる言葉を書いてください。

1．「古池や　蛙飛び込む　水の音」は松尾芭蕉の有名な（　　　　　）だ。

2．最近の歌手は、自分で作曲したり、（　　　　　）をしたりする人も多い。

3．旅行中にお金を盗まれて、警察に（　　　　　）届を出した。

4．日本では飲酒運転をした場合の（　　　　　）がとても厳しい。

5．節約するために今月から（　　　　　）をつけることにした。

6．この本は館外貸し出し禁止ですが、（　　　　　）室で読むことはできます。

7．昨日母が、迷子になった子犬を（　　　　　）した。

8．多くの人工（　　　　　）が今も地球の周りを回っている。

【3】ヒントを読んで、□に入る言葉を書いてください。

1.

大		府

縦：軍隊が大○を撃つ
横：関西の大都市の一つで食の町でも有名

2.

自		策

縦：自分を描いた絵
横：自分の力で自分を守る方法

【4】文章に合うように、□に入る言葉を書いてください。

1. ① 兄は来月から軍に［入□］する予定だ。
   ② 知らない家に不法［□入］した罪で警察につかまった。
   ③ 青森県出身の政治家が新政権に初［入□］を果たした。
2. ① 多くの専門家が新政府の政策を［□判］した。
   ② 国民を驚かせたあの事件の［□判］が明日から始まる。

【5】Aのグループと Bのグループを組み合わせて四字熟語を作ってください。

Aグループ	Bグループ
天下	砲火
合格	統一
集中	序列
年功	祈願

1. 年齢が上の人や働いた期間が長い人が順に給料が上がったり出世したりすること
（　　　　　　）
2. 戦国時代に乱れた国を一つにまとめて治めたこと
（　　　　　　）
3. 試験などに合格するように神社や寺で祈ること
（　　　　　　）
4. 非難などを一斉に浴びること
（　　　　　　）

特別な読み方をする漢字

明日	あす	景色	けしき	二十	はたち
海女 海士 ※	あま	今年	ことし	二十日	はつか
田舎	いなか	差し支える	さしつかえる	一人	ひとり
笑顔	えがお	尻尾 ※	しっぽ	二人	ふたり
母さん	かあさん	老舗 ※	しにせ	二日	ふつか
伯父	おじ	芝生	しばふ	吹雪	ふぶき
叔父	おじ	上手	じょうず	下手	へた
父さん	とうさん	白髪	しらが	部屋	へや
大人	おとな	素人	しろうと	迷子	まいご
伯母	おば	相撲	すもう	真面目 ※	まじめ
叔母	おば	足袋	たび	真っ赤	まっか
お巡りさん	おまわりさん	一日	ついたち	真っ青	まっさお
鍛冶 ※	かじ	梅雨	つゆ	土産	みやげ
風邪	かぜ	凸凹	でこぼこ	息子	むすこ
固唾 ※	かたず	手伝う	てつだう	眼鏡	めがね
仮名	かな	時計	とけい	紅葉	もみじ
為替	かわせ	友達	ともだち	木綿	もめん
昨日	きのう	兄さん	にいさん	八百屋	やおや
今日	きょう	姉さん	ねえさん	弥生 ※	やよい
果物	くだもの	博士	はかせ	浴衣	ゆかた
今朝	けさ	二十歳	はたち	行方	ゆくえ

※ 2010 年 6 月 7 日答申から

特別(とくべつ)な読(よ)み方(かた)をする漢字(かんじ)　復習(ふくしゅう)

【1】漢字(かんじ)の読(よ)み方(かた)を書(か)いてください。

1. 夏休(なつやす)みには毎年(まいとし)**田舎**へ帰(かえ)る。
2. 家族(かぞく)で**老舗**旅館(りょかん)に泊(と)まって温泉(おんせん)に入(はい)った。
3. **二十歳**になったら、お酒(さけ)を飲(の)むことができる。
4. 明日(あす)から**友達**と旅行(りょこう)に行(い)く予定(よてい)だ。
5. 目(め)が悪(わる)くなってきたので、**眼鏡**を作(つく)った。
6. 私(わたし)の**伯母**は東京(とうきょう)に住(す)んでいる。
7. **風邪**をひいたので病院(びょういん)へ行(い)った。
8. そこの**芝生**に入(はい)らないでください。
9. 最近(さいきん)、部長(ぶちょう)の**白髪**が目立(めだ)ってきた。
10. **浴衣**を着(き)て、花火(はなび)を見(み)に行(い)った。

1	いなか
2	しにせ
3	はたち
4	ともだち
5	めがね
6	おば
7	かぜ
8	しばふ
9	しらが
10	ゆかた

【2】漢字(かんじ)を書(か)いてください。

1. 小(ち)さい男(おとこ)の子(こ)が**まいご**になっているようだ。
2. 斉藤(さいとう)さんの**おねえさん**はとても美人(びじん)だ。
3. 夕日(ゆうひ)が西(にし)の空(そら)を**まっか**に染(そ)めている。
4. 七月(しちがつ)**はつか**は私(わたし)の誕生日(たんじょうび)だ。
5. 私(わたし)の夫(おっと)は料理(りょうり)が**じょうず**で、毎日(まいにち)作(つく)ってくれる。
6. 彼女(かのじょ)の**えがお**は本当(ほんとう)にかわいい。
7. ホテルの窓(まど)から見(み)えた**けしき**は最高(さいこう)だった。
8. 毎朝(まいあさ)健康(けんこう)のために**くだもの**を食(た)べている。
9. あの**とけい**は10分(ぷん)ぐらい進(すす)んでいる。
10. **へや**の窓(まど)から富士山(ふじさん)が見(み)える。

1	迷子
2	お姉さん
3	真っ赤
4	二十日
5	上手
6	笑顔
7	景色
8	果物
9	時計
10	部屋

挑戦編　まとめテスト

【1】次の文の下線をつけた言葉の読み方を①～④の中から選び、番号を書きなさい。

1．寝不足で頭の働きが鈍る。

①　にぶる　　②　しぶる　　③　こおる　　④　とどこおる

2．新しい地下鉄の路線が開通して、更に便利になった。

①　ことに　　②　とくに　　③　へんに　　④　さらに

3．あんな美人の彼女がいるなんて、岸さんも隅におけない人だ。

①　すみに　　②　ぐうに　　③　はしに　　④　たてに

4．裁判では、人は公正に裁かれなければならない。

①　つかれ　　②　さばかれ　　③　なげかれ　　④　まねかれ

5．警察は犯人の「仲間を刑務所から釈放しろ」という要求を拒んだ。

①　えらんだ　　②　はげんだ　　③　かんだ　　④　こばんだ

1	①	2	④	3	①	4	②	5	④

【2】次の文の下線をつけた言葉の書き方を①～④の中から選び、番号を書いてください。

1．昨日はお酒を飲みすぎて、どうやって家まで帰ったかきおくがない。

①　記録　　②　記臆　　③　記億　　④　記憶

2．人はかたい物を食べなくなると、あごが弱くなる。

①　堅い　　②　固い　　③　硬い　　④　難い

3．部長からいただいたコーヒーカップでお客様にお茶を出す。

①　項いた　　②　頑いた　　③　頂いた　　④　預いた

4．いくら家の近所をさがしても、ペットの猫は見つからなかった。

①　捜して　　②　携して　　③　探して　　④　指して

5．日本では都市化や高度経済成長とともにかくかぞく化が進行した。

①　各家族　　②　核家族　　③　格家族　　④　隔家族

1	④	2	③	3	③	4	①	5	②

【3】①〜㉚の下線部の漢字または読み方を書いてください。

先週の三連休に、会社の①同僚を誘って②紅葉を見に京都と③奈良へドライブ旅行に行った。途中でひどい④じゅうたいに巻き込まれて疲れてしまったが、赤や黄色の⑤鮮やかな山の景色を見て、みんなの疲れも吹き飛んだ。

奈良では公園を⑥さんぽし、⑦鹿と触れ合った。それから京都へ移動し、有名な⑧ぶつぞうの⑨てんらんかいに行ったり⑩城跡を見たりした。

夜、宿泊先のホテルで⑪えんかいを⑫催し、⑬じょうだんを言いながらお酒を⑭酌み交わし、⑮てつやで盛り上がった。楽しかったが、⑯騒ぎすぎてホテルのスタッフに⑰きびしく注意された。みんなたくさんお酒を飲んだので、翌朝⑱誰もはっきりした⑲きおくがなかった。⑳睡眠不足だったが、次の日は㉑牧場へ行った。そこで㉒ほうぼくされている牛や㉓ひつじを見てのんびり過ごした。午後になって急に天気が㉔くずれ、㉕嵐になったため、すぐに帰ることにした。

帰り道にお土産を買った。㉖妊娠中でこの旅行に来られなかった㉗せんぱいへのお土産に、㉘めずらしいジャムの㉙瓶詰めと㉚おかしを買った。みんなで撮った写真とともに送るつもりだ。とても楽しい旅行だった。また行きたい！

① どうりょう	② もみじ	③ なら	④ 渋滞	⑤ あざやかな
⑥ 散歩	⑦ しか	⑧ 仏像	⑨ 展覧会	⑩ じょうせき
⑪ 宴会	⑫ もよおし	⑬ 冗談	⑭ くみかわし	⑮ 徹夜
⑯ さわぎ	⑰ 厳しく	⑱ だれ	⑲ 記憶	⑳ すいみんぶそく
㉑ ぼくじょう	㉒ 放牧	㉓ 羊	㉔ 崩れ	㉕ あらし
㉖ にんしん	㉗ 先輩	㉘ 珍しい	㉙ びんづめ	㉚ お菓子

索引

解答

●p15　1章 生活－1　復習

【1】1. はいたつ　2. ていきけん　3. せいだい　4. しゅうかんし　5. いざかや　6. おくった
7. しょうたいじょう　8. こうてい　9. せいそうとうばん　10. けいやくしょ

【2】1. 商品券　2. 招かれた　3. 届　4. 渡る　5. 配った　6. 天井　7. 地域　8. 雑誌　9. 並んで
10. 整理

●p21　2章 町　復習

【1】1. きざむ　2. とうちゃく　3. あやまち　4. きっぷ　5. せいぞうねんがっぴ　6. ていしゃ　7. けっこう
8. きんゆう　9. みなと　10. きぶんてんかん

【2】1. 指輪　2. 輸入　3. 両替　4. 駐車　5. 間違えた　6. 普及　7. 預けた　8. 途中　9. 目標
10. 手帳

●p22、p23　1章 生活－1・2章 町　アチーブメントテスト　(配点：【1】【2】は各2点,【3】は各4点)

【1】1. ②　2. ③　3. ①　4. ②　5. ④

【2】1. ①　2. ④　3. ②　4. ④　5. ①

【3】①しょうたいけん　②届いた　③渡す　④こんざつ　⑤どんぶり　⑥配達　⑦並ばなくて
⑧ふりこみ　⑨通帳　⑩きちょう　⑪よきん　⑫ざんだかしょうかい　⑬りょうがえ
⑭同居　⑮庭　⑯引っ越した　⑰停　⑱うんちん　⑲ちゅうりん　⑳区域

●p24、p25　1章 生活－1・2章 町　クイズ

【1】庭

【2】1. 戻－もど　2. 込－こ　3. 預－よ　4. 照－しょう　5. 帳－ちょう　6. 振・替－しん・たい
7. 越－こ　8. 居－い

【3】1. ①港　②航　2. ①刊　②巻　③換　3. ①郵　②融　4. ①盛　②清　③製　④整
5. ①渡　②途　6. ①招　②証　7. ①仮　②過

【4】1. 掃　2. 溶　3. 混　4. 誌　5. 輪　6. 標　7. 漁

●p31　3章 文化　復習

【1】1. うつくしい　2. ばいうぜんせん　3. かけて　4. じゅうなん　5. ぞうしょ　6. こうすい
7. ほうせき　8. じだいげき　9. こころよく　10. うすがた

【2】1. 単純な　2. 姿勢　3. 杉　4. 知恵　5. 固い　6. 桜　7. 城下町　8. 発展　9. 脱いで
10. お見舞い

●p37　4章 健康－1　復習

【1】1. しんさつしつ　2. きょうい　3. うでどけい　4. くうふく　5. ふっきん　6. ばつぐん　7. きんきょう
8. のうり　9. けんこう　10. よる

【2】1. 保健室　2. 肩書き　3. 生態　4. 背　5. 生命保険　6. 筋道　7. 症状　8. 診療
9. 抜かして　10. 応急処置

●p38、p39　3章 文化・4章 健康　アチーブメントテスト　(配点：【1】【2】は各2点,【3】は各4点)

【1】1. ③　2. ②　3. ①　4. ④　5. ②

【2】1. ④　2. ①　3. ①　4. ④　5. ①
【3】①さくら　②美しい　③梅　④まつ　⑤すぎ　⑥香り　⑦はいけい　⑧ぬぎ　⑨掛ける　⑩柔軟
⑪しせい　⑫あまみ　⑬うすめ　⑭濃かった　⑮い　⑯原因　⑰血圧　⑱はり　⑲ぬく　⑳いたかった

●p40、p41　3章 文化・4章 健康　クイズ
【1】1. 腕　2. 腹　3. 腰　4. 骨　5. 脳
【2】①頭　②首　③肩　④胸　⑤胃　⑥腹　⑦背　⑧腰　⑨筋肉　⑩関節
【3】1. 薄　2. 甘　3. 異　4. 美　5. 脱
【4】1. ①完　②甘　2. ①傷　②症　3. ①診　②針
【5】①てん　②ぶし　③どうどう　④えどじょう　⑤かほう　⑥かぶき　⑦さかえた　⑧しゅうきょう　⑨ちえ
⑩くら　⑪げきじょう

●p47　5章 仕事　復習
【1】1. たぼうな　2. つとめて　3. おうせつま　4. しゅうかん　5. つかれた　6. いらい　7. おうぼ
8. したがって　9. きかく　10. きょうよう
【2】1. 改善　2. 案内　3. 総合的　4. 比較　5. 評判　6. 雇う　7. 議論　8. 競う　9. 兼任
10. 就職

●p53　6章 会社　復習
【1】1. かぶしきがいしゃ　2. しかく　3. けいえい　4. たんしゅく　5. かたづける　6. ほぞんばん
7. ねだん　8. ふさい　9. さいふ　10. なっとく
【2】1. 幅広い　2. 納める　3. 得意な　4. 余って　5. 資料　6. 裏　7. 破損　8. 充実　9. 減らす
10. 定額

●p54、p55　5章 仕事・6章 会社　アチーブメントテスト　(配点：【1】【2】は各２点，【3】は各４点)
【1】1. ①　2. ②　3. ②　4. ④　5. ①
【2】1. ④　2. ②　3. ③　4. ①　5. ②
【3】①企業　②しゅうしょく　③きんむち　④慣れて　⑤いっぱんてき　⑥えいぎょう　⑦はんばい　⑧ねだん
⑨はばひろい　⑩しんらい　⑪つかれます　⑫減って　⑬やしなわなければ　⑭提案　⑮資料　⑯忙しくて
⑰のぞいて　⑱充実　⑲きょうそう　⑳えられる

●p56、p57　5章 仕事・6章 会社　クイズ
【1】1. 拡大　2. 解雇　3. 購入　4. 増加　5. 損
【2】1. けしき　2. なっとく　3. さいふ　4. けいば
【3】景気　採用　利益　適切　評　得意
【4】1. 企画　2. 充電　3. 景気　4. 募集　5. 総合
【5】1. 増える　2. 損ねる　兼ねる　訪ねる　3. 務める　改める　縮める　納める　勤める
4. 企てる　充てる　5. 比べる　6. 慣れる　疲れる　訪れる

●p62　7章 ドラマ　復習
【1】1. きんちょう　2. まいご　3. どくさつ　4. はさん　5. おそろしさ　6. じこしゅちょう　7. かんよ
8. おとしより　9. りこん　10. のがれられない
【2】1. 国籍　2. 責任　3. 交際　4. 別　5. 第一印象　6. 暴力　7. 中毒　8. 年齢　9. 割引
10. 占い

●p67　8章 人間関係－1　復習

【1】1. かこんで　2. せいいっぱい　3. まいりました　4. そんけい　5. だきしめた　6. もうします
7. し　8. おうえん　9. きょうつう　10. みなさま

【2】1. 御家族　2. 尊い　3. 敬語　4.一緒　5. お互い　6. 共働き　7. 協力　8. 参加　9. 周囲
10. 致します

●p68、p69　7章 ドラマ・8章 人間関係－1　アチーブメントテスト（配点:【1】【2】は各2点,【3】は各4点）

【1】1. ②　2. ①　3. ③　4. ②　5. ④

【2】1. ③　2. ②　3. ④　4. ②　5. ④

【3】①ねんれい　②ともばたらき　③迷う　④こういんしょう　⑤与える　⑥うらなったり　⑦交際　⑧にゅうせき
⑨すすめられて　⑩国際　⑪お互い　⑫そんちょう　⑬一緒　⑭しゅうい　⑮協力　⑯応援　⑰りこん　⑱三割
⑲せいしんてき　⑳別れて

●p70、p71　7章 ドラマ・8章 人間関係－1　クイズ

【1】1. 勧　かんゆう　2. 張　きんちょう　3. 象　きしょう　4. 援　おうえん
5. 致　ゆうち　6. 共　きょうがく

【2】1. 殺　2. 暴　3. 離　4. 際　5. 破　6. 毒

【3】（順不同）御社・おんしゃ　御意見・ごいけん　御祝い・おいわい
御礼・おれい、おんれい　御案内・ごあんない

【4】1. ①遊　②誘　2. ①共　②協　3. ①象　②精　4. ①責　②籍

【5】1. 殺す　申す　致す　2. 割れる　恐れる　暴れる　離れる　破れる　3. 割る　参る　寄る　張る　破る
4. 勧める　責める　占める　5. 遊ぶ　尊ぶ　6. 迷う　囲う　占う

●p76　9章 自然－1　復習

【1】1. わんない　2. おき　3. すなはま　4. いどみず　5. さわのぼり　6. しんげんち　7. かんきょう
8. じょうしょう　9. うちゅう　10. よぼう

【2】1. 江　2. 高層　3. 泉　4. 浮かべて　5. 沈む　6. 南極　7. 火災　8. 害　9. 震えて　10. 影響

●p84　10章 社会－1　復習

【1】1. ぎむ　2. しかい　3. きょうせい　4. せんこう　5. みちびいた　6. りとう　7. ほかく
8. きじゅつ　9. きせい　10. じょうけん

【2】1. 修士　2. 選挙　3. 都庁　4. 上司　5. 対策　6. 内乱　7. 制限　8. 委員　9. 警察官
10. 教訓

●p86、p87　9章 自然－1・10章 社会－1　アチーブメントテスト（配点:【1】【2】は各2点,【3】は各4点）

【1】1. ③　2. ②　3. ③　4. ①　5. ②

【2】1. ④　2. ③　3. ①　4. ②　5. ③

【3】①こうざ　②専攻　③かんきわまって　④みちびいて　⑤将来　⑥えいきょう　⑦災害　⑧どしゃ
⑨きしょうちょう　⑩上昇　⑪けいさつ　⑫しょうぼう　⑬規制　⑭混乱　⑮とうしゅ　⑯国民
⑰とうろん　⑱述べて　⑲せんきょけん　⑳投票

●p88、p89　9章 自然－1・10章 社会－1　クイズ

【1】1. 泉　おんせん　2. 浮　ふじょう　3. 防　ぼうさい　4. 条　じょうやく
5. 詩　ししゅう　6. 爆　ばくはつ

【2】1. 源　2. 昇　3. 義　4. 策　5. 制　6. 省
【3】1. 司　2. 制　3. 乱　4. 限　5. 極　6. 災
【4】1. ①講　②攻　2. ①将　②省　③昇　3. ①党　②討

●p90、p91　基本編　まとめテスト　(配点：【1】【2】は各１点,【3】は各３点)
【1】1. ④　2. ③　3. ①　4. ②　5. ③
【2】1. ②　2. ④　3. ③　4. ①　5. ③
【3】①やちん　②値上げ　③ひっこす　④ざっし　⑤評判　⑥さんこう　⑦にゅうきょしゃ　⑧募集　⑨健康
⑩ひかく　⑪たいおう　⑫信頼　⑬契約　⑭はなれる　⑮うら　⑯梅　⑰桜　⑱うすい　⑲美しい　⑳景色　㉑胸
㉒慣れる　㉓しはらい　㉔一緒　㉕ふりこみ　㉖忙しくて　㉗もうしこみ　㉘上司　㉙庭　㉚購入

●p99　１１章 生活－２　復習
【1】1. つめこむ　2. おせいぼ　3. たたみ　4. かびん　5. じゅうたい　6. ろうか　7. しょうとう
8. しょうてんがい　9. かべがみ　10. しききん
【2】1. 起床　2. お菓子　3. 寮　4. 狭くなる　5. 封筒　6. 玄米　7. 往復　8. 別荘　9. 隣
10. 距離

●p106　１２章 働く　復習
【1】1. よそおい　2. いさぎよく　3. かせいで　4. おごそかな　5. いだいな　6. かみがた
7. めずらしい　8. はなやか　9. わく　10. かしこい
【2】1. 簡潔　2. 厳しい　3. 需要　4. 携帯　5. 人柄　6. 帽子　7. 脚本　8. 鏡　9. 鋭い　10. 詳細

●p108、p109　１１章 生活－２・１２章 働く　アチーブメントテスト　(配点:【1】【2】は各２点,【3】は各４点)
【1】1. ①　2. ④　3. ②　4. ③　5. ④
【2】1. ①　2. ②　3. ③　4. ②　5. ④
【3】①おせいぼ　②珍しい　③お菓子　④びんづめ　⑤こうしんりょう　⑥つぶ　⑦よさんわく　⑧包装紙　⑨簡単な
⑩どうふう　⑪あてさき　⑫かさ　⑬え　⑭かわせい　⑮くつ　⑯ぼうし　⑰化粧　⑱詳しい　⑲距離　⑳渋滞

●p110、111　１１章 生活－２・１２章 働く　クイズ
【1】①廊　②床　③壁　④畳
【2】1. 硬　2. 潔　3. 簡単　4. 需要　5. 縦　6. 鈍
【3】1. 硬　きょうこう　2. 頑　がんこ　3. 勇　ゆうき　4. 携　けいたい　5. 髪　かみがた
6. 斜　しゃめん
【4】1. ①粒・つぶ　②糖・とう　③粧・しょう　2. ①菓・が　②暮・ぐ　③茶・さ　④荘・そう　3. ①渋・しぶ
②滞・とどこお　③潔・けっ　4. ①往・おう　②街・がい　5. ①携・けい　②拒・きょ　6. ①隅・すみ　②隣・りん

●p116　１３章 健康－２　復習
【1】1. ねむけ　2. せいたん　3. わずらって　4. しんぱくすう　5. やくざいし　6. ふみんしょう
7. しや　8. じょきん　9. ささって　10. けむり
【2】1. 名刺　2. 看板　3. 妊婦　4. 双子　5. 一睡　6. 病原菌　7. 脈拍　8. 眼中　9. 低脂肪
10. 喫茶店

●p125　１４章 自然－２　復習
【1】1. さく　2. さんぽ　3. むらさきいろ　4. こうよう　5. いろどる　6. ぼくちく　7. す

8. したたり　9. どろぼう　10. どうさつりょく
【2】1. 飾る　2. 新鮮な　3. 灰色　4. 飼って　5. 豚肉　6. 放した　7. 凍えた　8. 掘る
9. 埋もれて　10. 銅

●p126,p127　13章 健康−2・14章 自然−2　アチーブメントテスト（配点:【1】【2】は各2点,【3】は各4点）
【1】1. ④　2. ①　3. ③　4. ④　5. ④
【2】1. ③　2. ②　3. ②　4. ③　5. ③
【3】①ないぞうしぼう　②ぶたにく　③たんさん　④にんぷ　⑤冷凍　⑥ビタミン剤　⑦禁煙　⑧灰皿　⑨にんしん
⑩埋まって　⑪みゃくはく　⑫双子　⑬誕生日　⑭飾って　⑮紅茶　⑯すいみんぶそく　⑰かんびょう　⑱散歩
⑲こねこ　⑳ふにんちりょう

●p128、p129　13章 健康−2・14章 自然−2　クイズ
【1】1. 喫煙　2. 近視　3. 解散　4. 開放　5. 冷凍　6. 重視　7. 埋蔵
【2】泥沼　どろぬま　　滴　てき　　瀬　せ　　滝　たき　　浄　じょう　　洞　ほら
【3】1. 脈拍　みゃくはく　2. 視力検査　しりょくけんさ　3. 脂肪　しぼう　4. 錠剤　じょうざい
5. 妊娠　にんしん
【4】1. 咲きます　2. 枝　3. 飾ります　4. 散って　5. 枯れて

●p137　15章 人間関係−2　復習
【1】1. なぐられた　2. にくしみ　3. じこけんお　4. はじ　5. ちょうまんいん　6. かんしゃ　7. ごかい
8. うかがいます　9. そうおん　10. もよおしもの
【2】1. 励まされた　2. 先輩　3. 怖い　4. 承知　5. 謝る　6. 似ている　7. 延期　8. 握手
9. 渇いて　10. 絶対

●p141　16章 自然現象　復習
【1】1. ふんか　2. ほのお　3. こうずい　4. つなみ　5. ふき　6. かんそう　7. しつど　8. ほうかい
9. あらし　10. けいこう
【2】1. 被害　2. 壊れて　3. 傾いて　4. 崩れた　5. 荒れて　6. 激しい　7. 乾く　8. 電波
9. 涼しい　10. 雷

●p142,p143　15章 人間関係−2・16章 自然現象　アチーブメントテスト（配点:【1】【2】は各2点,【3】は各4点）
【1】1. ②　2. ①　3. ④　4. ②　5. ③
【2】1. ①　2. ③　3. ④　4. ③　5. ②
【3】①なぐられた　②さわぐ　③さけびごえ　④祖父　⑤孫　⑥憎まれる　⑦絶対　⑧じょうだん
⑨しゃざい　⑩偶然　⑪せんぱい　⑫僕　⑬はげまして　⑭こうはい　⑮はげしい　⑯ほうかい　⑰炎
⑱つなみ　⑲被害　⑳はあく

●p144、p145　15章 人間関係−2・16章 自然現象　クイズ
【1】1. 誤　ごかい　2. 謝　かんしゃ　3. 延　えんき　4. 登　とうちょう　5. 催　かいさい
6. 似　るいじ
【2】1. 騒　2. 徹　3. 偶　4. 了　5. 炎　6. 壊
【3】1. 騒　2. 了　3. 頂　4. 湿　5. 雷　6. 祖
【4】1. ①宴　②延　2. ①洪　②荒　3. ①輩　②拝　4. ①涼　②僚　③了

●p152　17章 社会－2　復習

【1】1. かめい　2. けいじ　3. ごらん　4. もんく　5. はいく　6. めいぼ　7. じゅうこう　8. だいとうりょう　9. きょうてき　10. ごえい

【2】1. 赤ん坊　2. 作詞　3. 秩序　4. 足跡　5. 銅像　6. 批判　7. 塾　8. 踊り　9. 祈願　10. 入閣

●p157　18章 地名　復習

【1】1. やまなしけん　2. みやざきけん　3. かいづか　4. さいきょうせん　5. おかやまけん　6. いばらきけん　7. むれ　8. ていねい　9. ばつぐん　10. はんしん

【2】1. 埼玉県　2. 大群　3. 茨　4. 奈良　5. 砂丘　6. 梨　7. 丘　8. 鹿　9. 大阪　10.一丁目

●p158、p159　17章 社会－2・18章 地名　アチーブメントテスト（配点:【1】【2】は各2点,【3】は各4点）

【1】1. ③　2. ②　3. ④　4. ①　5. ①

【2】1. ④　2. ①　3. ③　4. ②　5. ②

【3】①伝統　②ぶよう　③かんしゅう　④かし　⑤ひひょう　⑥俳優　⑦えいぞう　⑧いばら　⑨ていねい　⑩領土　⑪侵略　⑫てき　⑬じゅう　⑭発砲　⑮じえい　⑯ぶたい　⑰とうなん　⑱大統領　⑲くっする　⑳秩序

●p160、p161　17章 社会－2・18章 地名　クイズ

【1】1. 栃　2. 群　3. 茨　4. 埼　5. 奈

【2】1. 俳句　2. 作詞　3. 盗難　4. 罰則　5. 家計簿　6. 閲覧　7. 保護　8. 衛星

【3】1.（たて）砲　（よこ）阪　2.（たて）画像　（よこ）衛

【4】1. ①隊　②侵　③閣　2. ①批　②裁

【5】1. 年功序列　2. 天下統一　3. 合格祈願　4. 集中砲火

●p163　特別な読み方をする漢字　復習

【1】1. いなか　2. しにせ　3. はたち　4. ともだち　5. めがね6. おば　7. かぜ　8. しばふ　9. しらが　10. ゆかた

【2】1. 迷子　2. お姉さん　3. 真っ赤　4.二十日　5. 上手　6. 笑顔　7. 景色　8. 果物　9. 時計　10. 部屋

●p164、p165　挑戦編　まとめテスト　（配点：【1】【2】は各1点,【3】は各3点）

【1】1. ①　2. ④　3. ①　4. ②　5. ④

【2】1. ④　2. ③　3. ③　4. ①　5. ②

【3】①どうりょう　②こうよう／もみじ　③なら　④渋滞　⑤あざやかな　⑥散歩　⑦しか　⑧仏像　⑨展覧会　⑩しろあと／じょうせき　⑪宴会　⑫もよおし　⑬冗談　⑭くみかわし　⑮徹夜　⑯さわぎ　⑰厳しく　⑱だれ　⑲記憶　⑳すいみんぶそく　㉑ぼくじょう／まきば　㉒放牧　㉓羊　㉔崩れ　㉕あらし　㉖にんしん　㉗先輩　㉘珍しい　㉙びんづめ　㉚お菓子

漢字マスター N2

Kanji for high-intermediate level

2010 年10月10日　第 1 刷発行
2019 年 7 月20日　第13刷発行

編著者　アークアカデミー
遠藤 由美子　増田 麻美子　齊藤 千鶴　下重 ひとみ
岸 啓太　樋口 絹子　石橋 彩　細田 敬子

発行者　前田 俊秀
発行所　株式会社三修社
〒150-0001 東京都渋谷区神宮前 2-2-22
TEL　03-3405-4511　FAX　03-3405-4522
振替　00190-9-72758
http://www.sanshusha.co.jp
編集担当　藤谷 寿子
編集協力　浅野 未華
カバーデザイン / DTP　山口 俊介
印刷所　壮光舎印刷株式会社

　ISBN978-4-384-05632-7 C2081　Printed in Japan